アイルランド紀行

ずっこけ見聞録

今西 薫
Imanishi
Kaoru

ブックウェイ

アラン島の土産物店

ロッセス・ポイントからの眺め

まえがき

　これは、ムロウ氏と呼ばれるひとりの男のアイルランド「ずっこけ見聞録」である。読者を想定して書かれたものではない。だから、読者を楽しませるつもりもないし、読者に何かを訴えかけようとの意図もないし、何かを伝えようという類のものでは決してない。自ら独房に入り込んだ人間が、語る相手がいないと思って呟いた独白に似ている。
　よって、何らかの運命の糸に引かれてこの本を手にされた方には気の毒ではあるが、即刻この本を捨て去るか、写真だけを見て人の住むアイルランドが虚構の世界のようなイメージで描写されていると嘆かれるか、あるいは、スマホでゲームなどをして時間を浪費する無頼の輩が為す所業と同様、無聊を慰める覚悟で読まれるかは著者の知るところではない。

メイヨー州ウエストポートの田舎のパブ

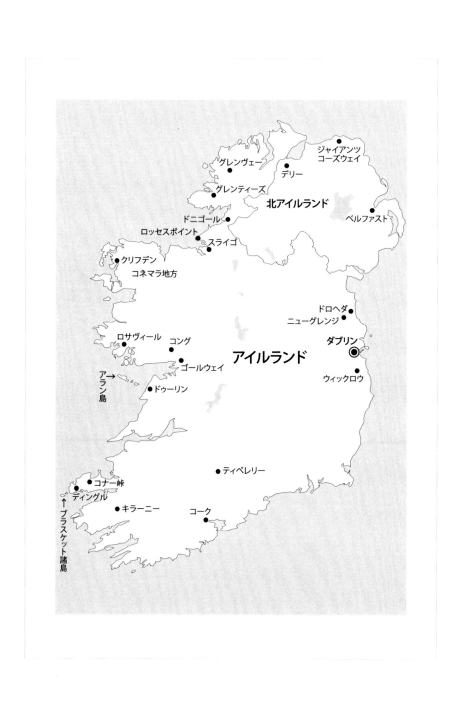

目　次

まえがき …………………………………………………………………………… 3

1. スライゴ（Sligo）………………………………………………………… 8

2. コネマラ国立公園のクリスマス・ドライブ ……………………… 13
　（Christmas Driving at Connemara National Park）

3. ドニゴール（Donegal）　……………………………………………… 18

4. ロッセス・ポイントとコーニー・アイランド ……………………… 22
　（Rosses Point and Coney Island）

5. アイルランドの道路と運転（Roads and Driving in Ireland）……… 27

6. ドラムクリッフと W. B. イェイツの墓（Drumcriff & W. B. Yeats' Grave）…… 32

7. アイリッシュ・コーヒーと豚汁 ……………………………………… 37
　（Irish Coffee & Tonjiru [Miso Soup with Pork & Vegetables]）

8. グレンヴェー国立公園（Glenveagh National Park）………………… 41

9. クロウ・パトリックと国立飢餓記念碑 ……………………………… 46
　（Croagh Patrick and National Famine Monument）

10. ハイクロスとクロンマックノイズ教会、グレンダロッホ、パワーズコート ……… 52
　（High Cross & Clonmacnoise Cathedral, Glendaloch, Powers Court）

11. ディングルとブラスケット諸島とコナー峠（そして、フルカ峠）………… 57
　（Dingle, Brasket Islands, Connor Pass [& Furka Pass]）

12. キラーニー国立公園、ブラーニー城 ………………………………… 63
　（Killarney National Park, Blarney Castle）

13. トリニティー・カレッジ（Trinity College）……………………… 68

14. ダブリンのギネス工場（Guinness Storehouse in Dublin）………… 75

15. キルメイナム刑務所歴史博物館（Kilmainham Gaol Museum）・・・・・・・・・・・・・・・ 78

16. ドロヘダとクロムウェル（Drogheda and Oliver Cromwell）・・・・・・・・・・・・・・・ 82

17. ボイン川の決戦（The Battle of the Boyne）・・・・・・・・・・・・・・・・・・・・・・・・・・・・・ 85

18. ニューグレンジ（ブルー・ナ・ボーニャ）（New Grange［Brú na Bóinne］）・・・・ 87

19. ジャイアンツ・コーズウェイ（Giant's Causeway）・・・・・・・・・・・・・・・・・・・・・・ 94

20. デリー、北アイルランド（Derry, Northern Ireland）・・・・・・・・・・・・・・・・・・・・ 100

21. アイルランド文学者など（Irish Literary Figures, etc.）・・・・・・・・・・・・・・・・・・ 111

22. アラン島（Aran Islands）・・・ 118

23. イェイツ・サマー・スクール 1（Yeats Summer School 1）・・・・・・・・・・・・・・・ 142

24. イェイツ・サマー・スクール 2（Yeats Summer School 2）・・・・・・・・・・・・・・・ 146

25. イェイツ・サマー・スクール 3（Yeats Summer School 3）・・・・・・・・・・・・・・・ 164

26. 口やかましいムロウ氏と『静かなる男』in コング ・・・・・・・・・・・・・・・・・・・・ 170
　　（The Noisy Man Mr. Murou and The Quiet Man in Cong）

あとがき ・・・ 179

アイルランド紀行
―ずっこけ見聞録―

1
スライゴ（Sligo）

　このアイルランドの旅物語の基点はスライゴなので、首都のダブリンではなく田舎町のスライゴの話から始めよう。（田舎町というのはスライゴの人々には失礼かもしれない。アイルランド西部ではゴールウェイに次ぐ大きな町だ。それでも、のどかな雰囲気を残している。）

ギャラボーグ川とスライゴ

　スライゴはダブリンから北西方向に約200キロ、車で3時間ほどの距離にある。現在のアイルランドの地名は、イギリスが支配していた18世紀前半にイギリス人が自分たちに読みやすいように、アイルランド人の許可もなく勝手に変えたものだ。地名のアイルランド語の発音から似かよった英語スペルにしたり、発音が難しい場合にはその語の意味から英語名にしたりしている。

　大英帝国時代、イギリスは奴隷貿易などを含み、世界のあちらこちら

で目にあまる横暴なことをしてきた。（この「世界のあちらこちら」には自国のイギリスも含まれている。上層階級の連中が下層階級の人々に強いたことは、程度の差こそあれ植民地の人々にしたことと同じだ。イギリスにはまだ見えない形で「階級制度」が残っている。）

　運悪くイギリスに地理的に近く、軍事力においてはるかに劣勢な隣国アイルランドは、母語のアイルランド語はほとんど「死語」、あるいは「外国語」のようにされてしまうという、民族としては悲惨な目にあっている。

　国の独立を維持するのは残念なことだが、「平和を希求する真摯な気持」だけではできない。「戦争を起こさない最良の方法は武器を持たないことである」というのは、一見「もっともな論理」だ。「白旗を揚げて降参すればそれですむ」という問題ではない。理想論では敗北することを歴史が証明している。その結果、無残に殺されるか、捕虜か奴隷にされるか、娼婦にされるか、敗者には選択の余地はない。

　先日、「神風」を調べるためにネット検索をしていたら、元寇の役の時に、対馬の男たちは殺されるか生け捕りにされ、「女ヲハ或ハ取集テ、手ヲトヲシテ船ニ結付」、つまり「手の平に穴を穿ち、これを貫き通して船壁に並べ立て」、奴隷にするためにモンゴルに連れ去ったと日蓮の書状に書かれているのを見た。日本も「奴隷の像」を世界各地につくり、どこかの国がしているように、モンゴルに莫大な慰謝料請求を何度もすればいいのかもしれない。しかし、そんな連鎖が起これば、イギリスは「奴隷の像」や「虐殺の像」などいろんな像を所狭しと世界中に建てられることになる。これではイギリスの国家としての品格も台無しである。

　第二次世界大戦後の日本では、「品性」という言葉が死語になりつつある。娼婦としてアメリカに連れ去られるのではなく、日本国内で自ら娼婦にでもなりたいのかと唖然とするような肌の露出で「ブ・厚化粧」の女を見かける。「恥を知れ！」だ。

　純粋な日本人に悪影響をもたらす西洋文化。日本語に乱入してきた訳

の分からないカタカナ英語。奴隷化した労働環境。清く正しい日本の精神が「死後」（死んでしまったあと）になりかけている。もう都会では探してもなかなか見つからない「品性」。これは第二次世界大戦での敗戦の結果である。勝っていればこんな国にはなっていなかったはずだ。精神力では絶対に負けていなかった。敗戦の原因は？ 劣勢だった武力だし、武器を作る生産力である。

　残念なことだが、すべての人が良識ある人ではないように、すべての国家が良識ある国家ではない（国家は人の集まりだ）。近隣の「とある国」を見ても分かる。歴史を紐解くと一目瞭然だ。戦争や武力衝突のなかった時代はない。人は戦う動物なのかもしれない。平和のために、自衛のために、「対抗力」が必要なのだ。武力を礼賛しているのではない。将来を見据えて必要な手段は講じておかねばならない。それは人として、国家として大切なことだ。

　逸脱した話を元に戻す。

　スライゴのアイルランド語での本来のスペルは Sligeach で「貝が豊富だ」という意味である。スライゴ湾では牡蠣が採れる。意味からなら、この地は今頃「シェリー（shelly）」か「オイスター」とイギリス人に命名されていたことだろう。他にも牡蠣が採れる所があったから、「老人タレント」的な名前（老いスター）ではなく、音をそのまま取ってスペルを変えて、Sligo とされた。

　ここは牡蠣で知られているが、スライゴの永遠の「名産」は W. B. イェイツである。食物ではなく、人物である。

1. スライゴ

イェイツの像

　イェイツはアイルランドが誇るノーベル賞作家で、彼の母方の実家がスライゴにあり、ここで過ごす機会が多かったことが「名産」の由来となっている。この地方の美しい自然が彼の詩に描かれていることもあり、この地の人々はイェイツを誇りにしている。そのひとつを紹介する。

　The Lake Isle of Innisfree
　湖に浮かぶイニスフリー島

　I will arise and go now, and go to Innisfree,
　立ち上がり、いま行くのだ、イニスフリー島へ
　And a small cabin build there, of clay and wattles made:
　そして土と編み枝で小さな小屋を建て
　Nine bean-rows will I have there, a hive for the honey-bee,
　そこに九つの列に豆を植え、ミツバチのために巣箱を作ろう

11

And live alone in the bee-loud glade.
そして、ミツバチが飛び交う木立の中で独り暮らすのだ

　このイニスフリー島はスライゴの郊外にあり、スライゴから東に車を走らせれば15分もすると澄んだ湖面が見えてくる。ギル湖である。この湖のほぼ中央に位置している小さな島がこれだ。パークス城（Parkes Castle）の前の船着場から湖の観光船が出ている。
　パークス城に入ると、みすぼらしい案内書がクリアファイルに入っていて、仏独語をはじめ他の外国語にも訳されていた。日本語はなかった。訳すのは面倒だが、1か月近くも滞在している間には暇に任せてできるだろう。そう考えたムロウ氏は、出口で英語で書かれた案内書を返却する際に無償で日本語への翻訳を申し出た。「いま誰かが訳してくれているはずだから、申し出には感謝しますが結構です」との返事だった。残念だったが、はっきり言って助かった。ムロウ氏は城郭の造り方や城の専門用語など何も知らないし、しっかりした英和辞典が手元にないのに訳していたらとんでもない誤訳をしていたことだろう。

パークス城

2

コネマラ国立公園のクリスマス・ドライブ
（Christmas Driving at Connemara National Park）

　スライゴから直線距離で 140 キロ、どんどん南下すると、ゴールウェイというアイルランドでは 4 番目に人口の多い町に着く（ちなみに、1位はダブリン、2位はコーク、3位はリマックで、すべて港町だ）。その直線コースの西側にあるのがコネマラ国立公園である。アイルランドにある 6 つの国立公園のうちでも、その「荒涼さ」では群を抜いている。ダイアモンド・ヒルに象徴される荒々しい岩石でできた山や、どこまでも広がる泥炭や岩がゴロゴロ転がっている湿原や沼地、夏に咲き誇る野草、空を飛び交う鳥たち、そして地上では羊の群れ、山の急斜面を這うヤギが見える。角を持つイロイワヤギを目にすることもある。

　現在、公園内では湖水の傍に控えて立つカイル修道院が一般公開され、その静謐な美しさで名を馳せている。

　クリスマスの 25 日にはスライゴの町は、昔の日本の正月三が日のようにどこもかしこも店が閉まり、人々はこぞって教会に向かうとムロウ氏は聞かされ、閉まることのない大自然へと助手のジョシュアと共に日帰りドライブに朝早く出発した。

　B&B でもクリスマスだけは B（Bed）without B（breakfast）である。B（breakfast）代わりにもらっていた果物とイブの夜に買ったパンとハム、チーズなどを手に、スライゴからゴールウェイに入り、西に向かって進み、クリフデンに入った。そこからコネマラ国立公園内を北東に横切ってスライゴに戻るルートを辿ることにした。

　コネマラの中心都市クリフデンは海で遊ぶ人のリゾート地となっているし、国立公園内にあるトレッキング・コースに向かうビジターの拠点ともなっている。クリフデンはクリフデン城（Clifden Castle）の城主で、

13

大地主のジョン・ダーシーが造った町である。アイルランドの西海岸の町は旅行ガイドブックに載っていなくても、訪れて失望することはまずない。ヴィクトリア朝の趣を残すクリフデンに入ると鬼の角のようにとがった尖塔がそびえ立っているのが見える。相並ぶ聖ジョセフ・カトリック教会とクライスト教会である。大多数はカトリックだが、プロテスタントの人達もこの地に根づいている。

　クリフデンの町では多くの人が着飾って教会のミサに行くのを目にした。教会の辺りにたくさんの車が路駐している。ガソリンスタンドは閉まっている。ガソリンは残りわずかだ。そこを経営している人が住んでいるらしい隣接する家のベルを鳴らしても応答がない。家族揃って教会に行ってしまったのだろう。教会を通り過ぎると、どこにも人っ子ひとりいない。

クリスマスの日、人っ子ひとりいない街

2. コネマラ国立公園のクリスマス・ドライブ

　見えるのは羊だけだ。そのほとんどの羊には苔が生えていて背中や胸や足が緑色になっている。高い位置に目をやると、足を踏み外せば滑り落ちるのではと思える石ころばかりの急斜面で草を食む大胆な羊がいる。細い道路沿いにも路上にもいる。羊はあちらにも、こちらにも、どこにでもいるが、行きかう車は１台もない。もちろん人影もない。

クリスマスの日、コネマラ地方の車の走らない道路

　行けども、行けども、「ひとり旅」。荒野が延々と続く。海外で使える携帯電話など持っていない。ジョシュアもムロウ氏も思うことはただひとつ。「ここで、もし車が故障したら?!」あまりの不安でそれは言葉には出さない。出すと本当に車が故障しそうな気がするからだ。幸い、レンタカーは「ミクラ」という名の日産マーチである。信頼できる。（これを書いてる今 Nissan は検査不備でニュースになっているが・・・。）その当時は技術だけでなく、日本人も少なくとも今よりは信頼できた。

アイルランドに来て初めてのドライブ旅行なので、日本と同じ感覚でいた。とんでもない過ちをしでかした。敬虔なカトリックの人達が住んでいるアイルランドの西海岸、十分な予備知識があれば起こりえないことが起こった。

　ガソリンのメーターを再び見ると、国立公園内は車さえ故障しなければなんとか突破できそうだった。だが、スライゴまで戻れるかどうか分からない。さらなる不安が重くのしかかってくる。出発前にチェックしなかったのが悔やまれる。

　ミクラは荒れ地を抜け一般道に入った。しばらくすると、道路工事中の看板があり、行く時に迂回路を通らされたところにさしかかった。ジョシュアは帰り道は進行方向の右側、即ち、ムロウ氏の右側に見える小道だと指差した。ムロウ氏はそこは「東」だと主張した。帰路は北である。太陽は西に沈む。西日はジョシュアの座っている助手席側から射している。ムロウ氏は北に帰るのだから直進の道が北であると即断した。「北」に向かう大通りに入って進んだ。ジョシュアは不安そうな顔である。

「たしか、あの工事中のところは細い迂回路だったから、右側の道が帰り道だと思うんだけど・・・」

「なんで！ 僕たちは北に帰るんだよ。太陽が君の左から射してるんだから、この道が北だよ。これがスライゴへの道に決まってる！」

　ガソリンが最後の1メモリを指している。無駄に走るわけにはいかない。ムロウ氏は、小学校での「太陽は東から昇り、西に沈む」という学びを固く信じて進んだ。ところが15分ほど経つと、湖にしては高い波が次々と押し寄せている水面が眼前に迫ってきた。海？ 半日で地殻変動でも起こったのなら話は分かるが、こんなところに海があるはずがない。

「あれっ？ どうなってるんだ！ これはおかしい」

「だから言ったでしょう。あの工事現場のところを右だって！」

ムロウ氏はハタと気がついた。ここアイルランドは緯度が高い。それに冬至を過ぎたばかりだ。太陽は西ではなく、南南西に沈むのだ。アフリカのモロッコと同じ緯度の京都とは違う。ガソリンがないに等しいのに、これは大失態である。

先ほど工事現場を通ったのは夕暮れ時だったのに、そこに戻ったときには暗闇に包まれていた。燃費を考えて時速40キロぐらいで走った。ガソリンのエンプティーのランプが点灯してからもう20キロ以上走っている。いつガス欠でエンストしてもおかしくない状況の中をおっとり刀で走り終え、なんとかB&Bにたどり着いた。ミクラが「ミラクル」に思えた瞬間だった。

翌朝、偶然にも、B&Bから100メートルほどのところにガソリンスタンドを見つけた。そこまでさえも行けるのかどうか不安だったが、無事に到着して胸をなでおろした。

やはり車はガソリンなしでは走れないのだと痛感したと同時に、どこもかしこも閉まると聞いてはいたが、まさかガソリンスタンドまで閉まるとは想定外だった。まだそんな国がこの「便利社会」に残ってくれていることを、車がガソリンで「満腹」になってから、やっと祝福する気持が湧いてきたムロウ氏であった。

3

ドニゴール（Donegal）

　デリーから国道15号線を南西に130キロほど走るとスライゴだ。その行程の2/3あたりに、ドニゴール州の中心都市ドニゴールがある。アイルランド語で「外国人の砦」の意味で、おそらくバイキングの要塞がここに作られていたのだろう。この要塞は12世紀半ばに破壊されている。

　小綺麗にまとまった印象を与える町だ。ここは、ゲールタハトと呼ばれるアイルランド語がまだ日常生活の中で使われている数少ない町のひとつである。ゴールウェイの5万人に次いで、1万5千人と2番目に多くの人がアイルランド語を使っている。ちなみに、アイルランド人でアイルランド語を話す人は総人口のたったの2%と、母国語消滅の危機にある。

　他人事だから涼しい顔をしていられるが、もしどこかの国に侵略され、日本語が厳禁になり、次の世代が日本語を母国語として話せなくなってしまったら、もう源氏物語も、松尾芭蕉の俳句も、夏目漱石も、太宰治もみんな死んだも同然になるのだから、何としても国を守らねば、日本の歴史の中で生きていた人達までむざむざと殺すことになる。日本文化は死守しなければならないと、ムロウ氏は悲壮な思いに駆られる。

　15世紀後半に造られたドニゴール城は町の中心街のラウンドアバウトのすぐそばに立っている。城の塔は505年にヒュー・オニールが建て、バンケット・ホールの豪華な暖炉などは入植者のベイジル・ブルックスが付け足したものである。

18

3. ドニゴール

ドニゴール城

　ここ200年ほど城は荒廃したまま放置されていたが、1990年代の後半に修復され、今は町の観光名所になっている。そばにイースク湖(「魚の湖」の意味)から発するイースク川が流れ、この建物は5世紀から千年以上も権力を保持したアイルランドの大豪族であったオドネル家の居城であった。しかし、1601年にキンセールでの戦いに敗れ、さらに1594年からの9年間にわたるエリザベスⅠ世やジェイムズⅠ世の軍との戦いにも敗れ、1607年にオニールらの貴族と共に、オドネル一族も再起を誓って大挙してヨーロッパ大陸に逃亡した。結局、頼みの綱のスペインの後押しもなく、アイルランドに戻ることはなかった。

　ドニゴール城の駐車場を越えて船着き場に出ると、もう田舎の風景がそのあたり一帯に広がっている。ラウンドアバウトの道沿いにはアビー・ホテルがある。そのアビー・ホテルでムロウ氏は12月26日のランチタイムにクリスマス・ディナーを2年連続で食べるという経験をすることになった。昼食にディナーはおかしいと思われるが、dinnerは正餐(せいさん)という意味で、夕食でなければならないというわけではない。

アビー・ホテル

　大きなマッシュポテトが皿に2つ巨乳のように置かれ、そこにグレイビー（肉汁）がかけられ、ブロッコリー、ニンジシ、そしてメインのローストビーフである。大食漢のムロウ氏でもお腹がはちきれそうな量だ。ジョシュアは皿の上に盛られた大量の料理を、ネズミがかじるほどしか食べない。そのネズミはローストビーフだけはガッツリ食べる。マッシュポテトにはほとんど手をつけない。メールアドレスをミッキー・「マミー」にしているだけのことはあって小食の「お母さん」である。胃が小さくて食べきれないのだから、文句を言ってはかわいそうだ。

　このホテルでのディナーの一度目はノーマン氏宅にクリスマスに呼ばれた年のボクシング・デーである。二度目もバリサデアからのドライブ途中の同じ12月26日である。

　若き日のムロウ氏は12月16日の霧の夜にロンドンに到着。その10日後はボクシング・デーであった。そんな日のことは聞いたことがなかったので、「ボクシングをする日？」かと疑問に思ったことがある。それは牛乳配達や郵便配達の人にケーキやクッキー、キャンディーなど

を小箱（Box）に入れて、あげる日だと説明を受けた。

　でも、いまはそんな慣例はなくなってしまったロンドンである。それに電気自動車で牛乳を配達する人を見かけることさえまれになり、牛乳はスーパーで買われている。郵便もメールや携帯電話のせいで激減している。その代わりに、クリスマスの夜に飲みすぎて酔った男たちが、翌朝、路上で些細なことから喧嘩をして殴り合ったりしている。だから、別の意味での「ボクシング・デー」になったのかもしれない。

4
ロッセス・ポイントとコーニー・アイランド
(Rosses Point and Coney Island)

　スライゴからスライゴ湾を左手に見て西北西に車で10分ほど走ればロッセス・ポイントに着く。湾を右手に見て西南西に走るとストランドヒルである。どちらに行くときも、湾の中に浮かんでいる島が見える。コーニー・アイランドである。

　イギリス版モン・サン・ミッシェルであるコンウォールのセント・マイケルズ・マウントと同じように、潮の満ち引きの時間帯によって、この島は海に囲まれたり、徒歩や車で行けたりもする。日本なら潮が引いてもムロウ氏の知る浜辺は、どこも急に深くなっていたりぬかるみになっていて、戦車のような車でないととても走れたものではない（戦車でもきっと苦戦するだろうが・・・）。アイルランドの海岸線はモハーの断崖のように「東尋坊的」なところも多いが、潮が引くと浜辺が広い平らな大地となり、数百メートルも沖にまで歩いて行けるところがあちらこちらにある。その土は灰白色で固い。ここもそのひとつである。

海に囲まれたコーニー・アイランド

陸地と結びついたコーニー・アイランド

4. ロッセス・ポイントとコーニー・アイランド

陸地になった海？をコーニー・アイランドへドライブ

ジョシュア　コーニー・アイランドってよく聞く名前だけど、ここだったの？

ムロウ氏　君の知ってるコーニー・アイランドってニューヨークのブルックリンにあるエンターテインメント・エリアのことじゃないかな？ アメリカのコーニー・アイランドは、アメリカインディアンが住んでいた昔は、「影のない島」って言われてたんだよ。

ジョシュア　どうして？

ムロウ氏　いつも太陽が真上から照りつけるような感じで暑かったからだろう。

ジョシュア　島自体が雲の影で覆われ、どこも影か暗闇か分からない冬のアイルランドとは大違いね。じゃあ、どうしてコーニー・アイランドって名前になったのかしら。この辺のアイルランド人が移り住んで、故郷の島を懐かしんでロング・アイランドの先っぽの島に同じ名前をつけたのかもね。

ムロウ氏　その可能性はある。それに Coney って、英語でウサギの

意味だから、ここにもアメリカのコーニー・アイランドに
もウサギがたくさんいたので、そんな名前になったのかも
しれない。

ジョシュア　ウサギって Rabbit じゃないの。

ムロウ氏　出たね、Rabbit。ロンドンのホテルで掃除に来たメイドさ
んに、「Rubbish（ゴミ）があるか」と聞かれて、ウサギが
どこかにいるのかと部屋の中をキョロキョロ見回していた
あの時の慌てふためいた君の姿が忘れられないね。

ジョシュア　だって、学校で「ラビッシュ」なんて英語習ったことない
もん。I am a girl. のように言わなくても分かるようなこと
ばかり教えて、肝心のことを教えないんだから。私たちの
世代の日本人が英語なんて話せるわけないわ。

ムロウ氏　ハハハ。自分の無知をすぐ他人のせいにする。それにして
も、いま僕が I am a man. とか、君が I am a woman. って言
ったら、アイルランドの人、どう反応するのか知りたいね。

ジョシュア　じゃあ、言ってみたら。

ムロウ氏　いやだよ。

ジョシュア　なんで？

ムロウ氏　変な顔をされるのに決まってる。

ジョシュア　じゃあ、聞かなくても分かってるんじゃない。

ムロウ氏　だって、そんな設定の話って、アイルランド人が Are you
a monkey or a man? とでも聞いてこない限り、答えられな
い文だよ。Are you a girl or a boy? だって、子供に失礼な質
問だ。

ジョシュア　ほんとに日本人をバカにしているわ。

ムロウ氏　でも、いまは、Are you a man or a woman? って聞いてもい
いような生意気なブタ・タレントがいるから、考えように
よっては、日本の英語教育も 50 年先を見据えて教科書作

りをしていたのかもしれないよ。そんな輩は「半性器」だ。

ジョシュア　なに、そのハンセイキって？

ムロウ氏　僕はこの「半世紀」にしでかした、いろんなことを「反省」しなけりゃならないってこと。

ジョシュア　また誰にも理解してもらえない何かのダジャレなんでしょうね。

ムロウ氏　ひとつの言葉にもいろんな種類の意味があるように、ウサギにもいろんな種類がいるから Rabbit とか Coney があるんだよ、きっと。だから、ウサギには Are you a rabbit or coney? って聞いてもいいんだ。そんなことより、ここの Coney Island には妖精の国に入る入口があって、レプラホーンが金塊を隠してるって言われてるところなんだよ。

ジョシュア　探しましょうよ。

ムロウ氏　馬鹿なことを言うんじゃないよ。そんな危険なことをしたら命の保証がないよ。

ジョシュア　どうして？

ムロウ氏　だって、土が環状に盛り上がっている所って、妖精の砦（Fairy Fort）って言われていて、そこに入っていったら魔法にかけられたり、妖精の国に連れ去られたりするんだから、用心しないと。

ジョシュア　北朝鮮もいやだけど、もっとわけの分らない妖精の国なんて、アニメかなんかで見ているうちはいいけど、本当に連れ去られたら発狂するわね。

ムロウ氏　そんな所にいかなくても、じゅうぶん発狂しているよ。

ジョシュア　それはあなたのことでしょ。

　ある日、ストランドヒルからパトリシャに誘われてコーニー・アイランドに行くことになったムロウ氏である。海水の塩分で車が錆びるから

とパトリシャは自分の車を出さない。海水が引く時間を見計らってムロウ氏のレンタカーで出発だ。まだ海水がちらちらと車輪のあたりを泳いでいる。海辺ではなく「陸辺」の大西洋を車で走るのは爽快だ。800メートルほど行くと島にたどり着く。

　島の中に車が1台走れるような細い道が続いている。離合は難しい。パブらしきところに出た。高校の教員だったパトリシャが、そこは生徒の家だと言う。そこからはさらに道幅が狭くなり、両脇はアイルランド特有の石垣ではなく、尖った枝が悪魔の手のように道に突き出している。車を走らせるのにこの魔手は避けようがない。バックして戻れるようなところでもない。ゆっくり進んでいるのに、進むたびに車のボディーに引っかき傷がつけられているのが、ギシッ、バシッと悪魔の枝が怒ってしなっている音で分かる。

　保険をかけてレンタカーに乗ってはいるが、こんなに引っかき傷ばかりつけて返すのは心が痛む。結局、その先のUターンできる空き地に出て、そこで引き返したのだが、これでダブルのボディーブローを喰らうことになり車の右も左も同じく傷だらけ。

　それからは、傷に汚れも加わった車体はできるだけ見ないようにして、ダブリンの空港で車を返すことになった。文句を言われるのではないかとひやひやものだったが、車のボディーチェックもなく、ただキーを返すだけで済んだ。あとを追いかけられないかと、びくびくしながら搭乗手続きのボディー・チェックに向かうムロウ氏であった。

26

5

アイルランドの道路と運転

（Roads and Driving in Ireland）

アイルランドでは、車はイギリスのように左側通行で日本と同じだ。レンタカーでアイルランド各地を訪ねるのは北海道を周遊する気持でできる。アメリカを横断するときのような固い決意はいらない。道路標識と地図を頼りに目的地に向かっていた頃とは違い、今はレンタカーにオプションではあるがGPS装置（カーナビ）をフロントガラスに取り付ければ、日本国内のドライブと何ら変わるところはない。

慣れてくれば運転は日本より簡単である。信号がはるかに少ない。それは、道路の分岐点が4つ角ではなく、所によっては3つ角、多いところでは5つ角、6つ角となっているために、信号を付けると多大な費用がかかるだけでなく、交通渋滞を引き起こしかねないからである。

そこで、ラウンドアバウト（Roundabout）が至る所につくられている。日本の田舎の国道、例えば、ムロウ氏がよく通る国道9号線など、山陰地方を走れば、ぼんやりと何も考えずに運転できるが、ここアイルランドでは、このラウンドアバウトに頻繁に直面し、そこに進入しなければ先に進めない。1車線なら右側前方からラウンドアバウトの中を走ってくる車がなければ進入し、出たい道の手前で左の指示器を出し、左折すればいい。

2車線のラウンドアバウトを通過するときの心得は、1番出口で出る場合は、左の車線から侵入し、左指示器を出し、ラウンドアバウトから出る。2番出口より先に出る場合は、右側の車線から入り、自分の出口の手前から、左指示器を出して、左車線に入り、出る。いたって簡単なことである。アイルランド人にできることが日本人にできないわけがない（日本人にできてアイルランド人にできないことがないに等しい）。

ラウンドアバウトに出入りする際のルールをドライバーが守れば、普通なら交通状況はスムーズになる。よほど混雑するラウンドアバウトでは、その特性がうまく機能しなくなり、信号が必要になってきてはいるのだが・・・。信号がない場合には、ラウンドアバウトに入り込むタイミングを計るドライバーの技量が必要となる。遠慮したり、躊躇しているとなかなか入り込めず、後続車に迷惑をかけることにもなりかねない。

GPSがあれば、2番目の道なら「Second Exit（出口）」と教えてくれるが、地図が頼りでは自分の行く先がラウンドアバウトの何番目の出口なのか、標識でしっかり確認しなければならない。その作業をラウンドアバウトの30メートル手前で完了し終えていないと、右か左のどちらの車線に入っていいのか分からないので、とりあえず右車線に行って、ラウンドアバウト内で確認できた段階で、左の指示器を出してラウンドアバウトから出ることになる。それが最初の出口だったりしたなら、出るのは1周した後になる。

困った問題は、標識に自分の行き先が表示されていないときだ。とりあえずどれかの出口から出ないと、永遠に回り続けなければならなくなる。ここでの「永遠」とはガソリンがなくなるまで、あるいは、目が回って車が野原に突っ込むまでを意味している。だいたいの方向が分かっているからと、アバウトな気持でラウンドアバウトを出るととんでもないことになる。

日本の道は素直である。アイルランドの道はひねくれているとムロウ氏は思う。北西に向かっているからといって、その方角に出ても、それが南西や北東にグニャッと曲がってしまって、あらぬ方向に走らされることがある。これは何度も経験済みだ。アイルランドには、上下で交錯する「ランプ」と日本の道路標識で表示されているような道がいまのところ田舎にはないのに、どうしてこんなことが起こるのか。幾何学が苦手なムロウ氏には謎のままだ。

5. アイルランドの道路と運転

　日本にも同じような謎がある。ランプが「灯り」だと思っている日本人には道路標識の「ランプ」は「？」に違いない。「灯り」のランプは "lamp" である。しかし、正確に言うと、発音は「リャンプ」である。「ランプ」と発音すると "lump" となって、意味は、「たんこぶ」とか「文句を言わずに我慢する」である。道路標識の「ランプ」とは "ramp" のことだと国土交通省の役人が言い張るはずであるが、"ramp" の発音は日本語では表記しがたい。この "ramp" には、さらに別の意味があって、それは「詐欺、たかり」なのだ。

　ムロウ氏は日本で運転中にこの「ランプ」の標識を見るたびに、ニタッと笑う。その笑いは、どことなく国土交通省の悪徳役人を思い起こさせる。ゼネコンへ天下りした元役人と裏で繋がっていて、税金を食い物にし、詐欺的な裏取引で必要のない道路ばかりをつくる悪逆非道な政治家たち。一般庶民には「文句を言わせず我慢させる」構図が如実に表現されているのがこの「ランプ」の文字である。彼らは日本の「たんこぶ」だとムロウ氏はひとり納得する。

　ちなみに、アメリカなんぞに留学していた国土交通省のエリート役人が意図した "ramp" の意味は、「先進国？」の都会にある「段違いの道路などを結ぶスロープ」である。

　要するにアイルランドでは間違いに気づいたら、その時点ですぐさまUターンすることをムロウ氏は推奨する。変に、右折して、さらに右折して戻ろうなんて京風の気になると、「さようなら」(Good-bye = God be with ye [you])、即ち、神様と共にいつまでも、と目的地は気が遠くなるほど遠くなる。

　アイルランドでの運転はなかなかスリルがある。細い田舎道、その道の両側にはスレートの石が積み重ねられた石垣が並び、道はぐねぐねと曲がっている。日本の普通のドライバーなら40キロも出せば危険を感じる道だ。それなのに、そこを後続車が平気で70キロ以上も出して追

29

いかけてくる。タトゥーを体に彫り込んで、サングラスをかけ、頭髪を刈り上げ、ヒゲを生やし、黒いフィルムを窓ガラスに貼った黒いワンボックス車に乗った若者ではなく、普通の人のよさそうなオバサンでもラリーをしているような運転なのである。決して煽っているのではない。

　カーレーサーにでもなった気にならないと、ムロウ氏にはとてもそんな細い道で高速運転はできない。カーブで、その曲がった先に何かの物体があれば、それに激突するのは必定である。それがもし人なら必ず轢き殺してしまう。動物でも然り。ムロウ氏は後ろから猛スピードで急接近してくる車を避けようと思っても避ける場所がない。左手には石垣が続いている。こうなると、ムロウ氏はロンドンのナショナル・ギャラリーにあるジョセフ・ターナーの絵『雨、蒸気、スピード〜グレート・ウェスタン鉄道』にある蒸気機関車に追いかけられて必死でレールの間を逃げ走るウサギのような気持で運転せざるを得なくなる。

ロンドン、ナショナル・ギャラリーにあるターナーの絵

　ムロウ氏が、道路の脇にスペースをやっと見つけて車を退避させ、激しく追い迫る車を先に行かせようとすると、なんと？　その車の運転手は、ムロウ氏が急な発作でも起こしたのか、車が故障でもしたのかと怪

訝な（心配そうな）顔をしてムロウ氏を観察するためにスローダウンして通り過ぎるではないか。

　アイルランドのドライバーはみんな平気でこのスピードで運転している。イギリスでも同じことが起こる。超高速で走っていても、経験値から安全だと知っているからできるのだろう。それが現地では普通のスピードなのに違いない。しかし、日本人であることに誇りを持つムロウ氏にはそんな危険に満ちたことはとてもできない。

6
ドラムクリッフとW.B.イェイツの墓
（Drumcriff & W. B. Yeats' Grave）

　スライゴからルートN15を8キロほど北に車で走ると、574年に聖コラムキルによって建てられた修道院の遺跡であるタワー（円塔）が視界に入ってくる。タワーと言っても、スカイツリーや通天閣の類ではない。修道院は13世紀まで栄えていたのだが、その後は廃れてしまった。このタワーの向こうにはドラムクリッフ湾が臨める。

　道路の右手、即ち、東側には日本ではあまり見かけることがない変てこな、それでいてなんとも女性的な美しい姿のベンブルベンの山が見える。

ベンブルベン

6. ドラムクリッフと W. B. イェイツの墓

　その方向に目指すドラムクリッフ教会がある。ここにアイルランドが誇り、スライゴの人達が特に愛着を抱く W. B. イェイツが眠るお墓がある。ムロウ氏は自分の家のお墓には滅多に行かないのに、このお墓にだけは足しげく通う。理由は定かではない。イェイツの詩魂（Poetic Spirit）を授かろうという魂胆でもない。観光地だと思って行くわけでもない。そして、そこに行くと必ずそのお墓と共にジョシュアに写真を撮ってもらう。

　また、ムロウ氏は、毎年ロンドンに行くと必ずアガサ・クリスティーの戯曲『ネズミ捕り』（Mousetrap）が上演されているセント・マーティンズ（St. Martins）劇場に出向き、ジョシュアがいればジョシュアに、いなければセルフタイマーで撮る。劇場の前の道路上に立っているコンクリートの棒の先に、カメラをぎりぎり載せられる箇所がある。少しでもずれたり、何かの拍子で地面に落ちれば、それでカメラは「一巻の終わり」となるのだが、意を決して 10 秒にタイマーをセットし、誰も来ないのを確認して "Mousetrap ○○th Year" と掲げられているネオン型の表示の前で写真を撮るのだ。

　これと比較すると、イェイツの墓の前で写真を撮っているが、いつ行ってもイェイツのお墓は同じままだ（掃除が行き届いている）。いま、それがいつの写真なのか分からず、若そうだから若いときの写真、毎年着ていた同じ服がよれよれになっているから、それは最近の写真だと勝手に識別するだけだ。お墓に書かれてある墓碑銘は年々変わることもなく、同じだ。なぜかその詩に感銘を受ける。

　　　Cast a cold Eye

　　　On Life, on Death

　　　Horseman, pass by.

ジョシュア　お墓に書かれてある英語、どういう意味なの？

33

ムロウ氏　「冷たい視線を投げかけて、生と死に、馬上の人が通り過ぎてゆく」だよ。

ジョシュア　馬上の人って、誰のこと？

ムロウ氏　イェイツは "Under Ben Bulben" って詩を書いていて、これはその詩の最後の3行なんだ。「馬上の人」(Horseman)はイェイツの最初の草稿では「処刑執行人」(Hangman)だったことを考えれば、詩の意味が分かると思う。「時という処刑執行人はただ通り過ぎていくだけで、生きとし生けるものはみんな死んでいく」というメッセージじゃないかな。処刑執行人は神様かもしれない。

ジョシュア　神様が冷たい視線を投げかけたりするの？

ムロウ氏　まあ、僕には温かい視線を投げかけてもらえるかは分からないからね・・・。

ジョシュア　確かにその通りだわ。悪いことばかりしてきたから、その罰ね。

ムロウ氏　生にも死にもって、なんか冷たく蔑まれてる感じがするね。

ジョシュア　まだ生きてるんだから、いま反省してまともに生きていけば、あなたの墓碑銘には "warm eye" って私が書いてあげる。

ムロウ氏　ペンキで？ クレヨンで？ それとも、フリクション・ボールペンで？

ジョシュア　考えておくわ。

6. ドラムクリッフと W. B. イェイツの墓

ベンブルベンの頂

　参考のために W. B. イェイツの "Under Ben Bulben"（ベンブルベンの麓）をここに書いておく。

Under bare Ben Bulben's head.
木々のないベンブルベンの山の端の麓
In Drumcliff churchyard Yeats is laid.
ドラムクリッフ教会の墓地にイェイツは眠る
An ancestor was rector there.
祖先はこの教区の司祭だった
Long years ago, a church stands near,
それは遠い昔のこと、近くに教会がある
By the road an ancient cross.
道端の近くには古い十字架が立っている
No marble, no conventional phrase;
大理石もいらぬ、決まり文句もいらぬ
On limestone quarried near the spot

35

付近で切り出された石灰岩に
By his command these words are cut:
故人の意思により次の言葉が刻まれている

   Cast a cold Eye 冷たい視線を投げかけ
   On Life, on Death 生と死に
   Horseman, pass by. 馬上の人が通り過ぎてゆく

　生前に自分の墓碑銘のために詩を書き残す詩人は多い。イェイツもまたそれを書いたうちの一人である。

W. B. イェイツの墓

7

アイリッシュ・コーヒーと豚汁
(Irish Coffee & Tonjiru［Miso Soup with Pork & Vegetables］)

　アイルランドは日本のように島国である。その面積は北海道よりやや小さい。首都であるダブリンは東海岸にあり、島の南北のほぼ中央に位置し、アイリッシュ海に面している。海を渡って東に進むとイギリスのウエールズ地方が待っている。

　ダブリンから逆にまっすぐ西に200キロ進むと、大西洋を臨む西海岸の中心都市ゴールウェイだ。その郊外には大西洋横断の空路の基地であるアイルランドの西玄関口、シャノン空港があり、海の向こうはアメリカの東海岸である。

　その空港内では今も「ジョー・シェリダン・カフェ」が営業を続けている。ジョー・シェリダンという名前など耳にしたことのある人は稀に違いない。しかし、グラスからこぼれそうに泡立ったクリームを通して、まろやかなウィスキーの香りが漂うアイリッシュ・コーヒーなら味わったことがある人も多いはずだ。このアイリッシュ・コーヒーを考案したのが、ジョー・シェリダンなのである。

アイリッシュ・コーヒー

シャノン空港が 1942 年に開港するまでは、アメリカ東海岸に向かう大西洋横断の空の発着便は、ゴールウェイから南に 80 キロほど離れたリマリックの近くにある港町フォインズであった。フォインズは大西洋に続くシャノン湾の入り江にあり、1930 年代の後半から 40 年代の初期に活躍した海面発着ができる飛行艇（Flying Boat）の基地となっていた。

　当時はまだ、機体やエンジンに対する信頼性が今ほど高くはなく、万が一の場合に洋上着水できる飛行艇が安全面から商業用の旅客機として使用されていた。ただ、乗客は給油の際には陸上で待機していなければならず、冬の時期は、小船で飛行艇からアイルランドの港町にあるパブなどへ往復移動する際に体が冷え切ってしまうことがあった。こうした乗客を温めたのがアイリッシュ・コーヒーである。

　このコーヒーが作られたきっかけは、カナダのニューファウンドランド島のボットウッドに向けてフォインズを出発した飛行艇が、悪天候のために 10 時間も飛行を続けた後に、フォインズに引き返してきたことである。疲れ果てた乗客がピア・ラウンジ（埠頭の休憩所）に入ってきた時に、ウェイターが聞いた。

「何にいたしましょうか」

　アメリカ人の男は言った。

「体が冷え切ってしまったよ。コーヒーをひとつ」

　シェリダンはとっさの機転で、コーヒーにウィスキーを入れて客に出した。寒さで震えている客を温めてあげようとする気持からであった。ひと口飲んだ客は聞いた。

「これはブラジルのコーヒーかい？」

　"No, this is Irish Coffee."（いいえ、これはアイルランドのコーヒーです）

　これが「アイリッシュ・コーヒー」という名の由来である。ブラックコーヒーに砂糖を入れ、さらにアイルランド製のウィスキーを注ぎ、最後にホイップクリームを載せるのである。

　この飛行艇の発着点であったフォインズには今は飛行艇博物館が建

てられている。ここにはヤンキー・クリッパー（clipper は「高速帆船」の意味）という名前がつけられた、当時の飛行艇の実物がそのまま展示されている。

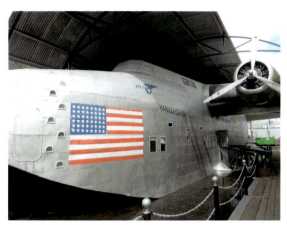

フォインズの飛行艇 Yankee Clipper

　安全面では現在の飛行機は飛行艇よりはるかに優れているが、飛行機はエコノミークラスならこれ以上は無理だと思われるほどの人数の座席が、ぎっしりと前方に向けて作られている。乗客は長時間の飛行なら、目的地まで自分を物体化させ、ただただ耐え忍ぶだけである。

　これとは対照的に、飛行艇はサロン風で、機内には豊かな空間があり、調理場まである。当時の優雅な飛行の旅を彷彿させる。もちろん、こうした飛行艇の乗客は今のファーストクラスに乗るような裕福な人達なので、エコノミークラスと比べること自体おかしなことではあるが・・・。

　この博物館も最近よくある美術館や水族館と同じで、出口は土産物店の入口になっている。Irish Coffee Centre と書かれたこの場所にはカフェが併設されている。ムロウ氏はこういういかがわしい所には立ち寄らない主義なので、すぐにカフェに入った。

ムロウ氏　アイリッシュ・コーヒーはお酒が入ってるから、君はソフ
　　　　トドリンクにしておいたら？
ジョシュア　えっ？　アイリッシュ・コーヒーって、コーヒーに生のホ
　　　　イップクリームを載せたものじゃないの？
ムロウ氏　それはウィンナー・コーヒーだろう。
ジョシュア　あっ、そうね。

　ジョシュアはお酒が飲めない上に天然のオトボケである。ウィーンに
連れて行ったときに、ウィンナー・コーヒーを注文してコーヒーが出て
きたら、「あれ、ウィンナーは？」と真顔で聞いてきた。ムロウ氏はひ
とりカフェで爆笑して、周りの外人から「変な外人」と奇異な目で見ら
れたことがある。その時のことを思い出す。
　アイリッシュ・コーヒーがテーブルに運ばれてきた。
「ひと口、飲んでみる？」
　ムロウ氏はジョシュアにコーヒーを差し出した。ジョシュアは恐る恐
る透明のグラスに口を当てて飲んでみた。すぐに顔をしかめた。ムロウ
氏が次に飲んだ。アルコールの濃度が高い。お酒が全くだめなジョシュ
アにこれが飲めるわけがない。
　フォインズに来た飛行艇の客の中でも、お酒に強い人なら喜んで飲ん
だことだろうが、お酒に弱い者は、やはりココアか紅茶だったのに違い
ない。ここに、甘酒かお汁粉、味噌汁、できれば豚汁でもあれば日本人
は大喜びだったろうと、ムロウ氏は相変わらずおかしな空想をするのだ
った。

8
グレンヴェー国立公園（Glenveagh National Park）

　スライゴからドニゴール湾を左に見てドニゴールに着き、そこからドニゴール州の中心都市であるレタケニーへとまっすぐ北に向かう予定だったが、少し北西に進路を変えた。「20世紀の後半から21世紀の初頭」ではアイルランド最高の劇作家で、作風において「アイルランドのチェーホフ」とも称されるブライアン・フリール（1929〜2015）に敬意を表して、フリールが幼少の頃に過ごした地であるグレンティーズ（Glenties）に立ち寄ることにしたからだ。

ブライアン・フリール氏と妻のアン

　なぜフリールについてこんな説明をしたのかというと、ノーベル賞作家で不条理の演劇の旗手であったサミュエル・ベケット（1906〜1989）と比較すると「最高」とは言い難いが、だからと言って、生まれはアイルランドでもほとんどフランス人作家のようになってしまったベケットに、最高の地位をすんなりと譲るわけにもいかないので、生粋のアイルランド人のフリールにも時期を区切って「最高」の位を与えた。
　グレンティーズから田舎道を抜け、車で北東に向かって1時間半。レ

タケニーに着くと、そこは小ダブリンかと見間違うほどの都会。そこから半時間ほど走ると、荒涼とした風景画の中に車もろとも入り込んでしまったのでは、と訝しく思えるほどの石ころだらけの山、また山、そして山、そして、谷、また谷、そして谷を縫うように進む。

　荒野には、当然のことながら、標識や看板など何もない。無国籍の風景。対向車が来なければ、時代さえいつなのか分からない。自分が無国籍の人間で、石器時代にタイムスリップして迷い込んだと錯覚しても何もおかしくないという、おかしな妄想に取りつかれる。

　あたり一面、灰色の大地には苔や草しか生えていない。山にも木は生えていない。急斜面を這う痩せた羊は、「なけなし草」でも食べて命を繋いでいるのだろう。食物の成長が鈍いのは明らかに太陽光が弱いからだ。風景だけではアイルランドのコネマラ国立公園と区別が難しい。しいて言うなら、違いは崖を這う羊の数が少ないことだろうか。

グレンヴェー城

　コネマラ地方には、小さな湖（大きな池？）が数多くあったが、ここには細長くて大きな湖がある。針葉樹が湖畔に豊かに茂るグリーン・ブリーザ湖である。北の風に揺れる湖面のさざ波が薄い光を反射し、谷間

8. グレンヴェー国立公園

の樫の木や白樺の木の小枝につく露と淡い光が音のように協奏している
のが聞こえるような気がする。湖畔には堅固な造りのグレンヴェー城の
雄姿がある。

ムロウ氏　　この城は、スコットランドのバルモラル城をモデルにして
　　　　　　造られたんだよ。

ジョシュア　どこ、そのバルモラル城って？

ムロウ氏　　スコットランドのアバディーンシャーにあるお城だよ。ヴ
　　　　　　ィクトリア女王の夫であるアルバート公によって購入され
　　　　　　たもので、いまはエリザベス女王やエジンバラ公の夏の避
　　　　　　暑地として使われているところだ。プリンセス・ダイアナ
　　　　　　が 1997 年の 8 月の末に交通事故で亡くなったときに、女
　　　　　　王がバッキンガム宮殿に帰ることもなく、半旗も掲げず、
　　　　　　イギリス国民からバッシングを受けたことで有名になった
　　　　　　ところだよ。ヘレン・ミレンがエリザベス女王そっくりの
　　　　　　演技をした『クィーン』（The Queen, 2006）っていう映画
　　　　　　を見ただろう。その舞台がバルモラル城ってことになって
　　　　　　いる。

ジョシュア　なんで、そのお城をモデルにして造ったの？

ムロウ氏　　このグレンヴェー城を造ったジョン・アデアという人物は
　　　　　　ひどい男で、244 人の農民の家が館から谷を見下ろす時に
　　　　　　美観を損ねるという理由で全員を立ち退かせ、1873 年に
　　　　　　湖畔に壮観なグレンヴェー城を造り上げたんだ。

ジョシュア　その人は、ひどいことをする「モデル」ってこと？

ムロウ氏　　まあ、モラルに欠けてるね。豪華なお城を造って自分の権
　　　　　　力を誇示したかったんだろう。その奥さんはいまでも名物
　　　　　　になっている赤鹿（red deer）を飼いはじめ、シャクナゲ
　　　　　　を敷地にきれいに植えたんだ。

43

ジョシュア　奥さんは別にひどい人じゃないんでしょう？

ムロウ氏　　それは、どうだか。お金は人を傲慢にし、腐敗させるから、よほどの人格者でないと「人の道」を誤りかねないからね。

　城の中では道を誤ることはない。誤ると、謝らねばならなくなる。城内見学はガイドに付き従って集団で行動しなければならないからだ。広大な敷地の遊歩道を歩くのは自由だ。森を抜けて小高い丘に上ると、周囲の緑と空の青さの中で、大自然の新鮮な空気を胸いっぱいに吸うことができる。車はビジターセンターに置いておかねばならないので、時間があれば、センターまでゆっくり 3.6 キロの道を歩くこともできるが、急ぎの旅の人にはシャトルバスが出ている。

　バスは何も復路に限ったことではない。もちろん往路でも乗れる。ただし、「片道だけしか乗らないから」と半額になるわけではないところが、日本と違っていて、おもしろいというか、ややこしいというか、ムロウ氏にはすんなりと納得できないところである。日本円で言うのなら、往復千円なら、片道 666 円という計算だ。即ち 2/3 の額である。

　これならまだましな方で、イギリスなど、片道を買うほうが往復の切符を買うより高いとくる。これには理解に苦しむが、どうもイギリス人には日本のように片道のほうが安いことが腑に落ちないらしい。こんな些細なことでも考え方が違うのだから、グローバル化などすれば問題が起こらないわけがない。

　イギリス人の論理はこうだ。例えば、新幹線でみんなが東京と京都間の往復を予約すれば物事はうまくいくが、東京から京都までの片道だけを誰かが予約すれば、京都から東京まで乗る人がいないと復路は空席で運転しなければならない。

　イギリスでは「人はどこかに行けば必ず帰る」ということが人の常、即ち、常識となっているようだ。「非常識なことをされては鉄道会社に損失が出るから、その責任を取りなさい」ってことらしい。「社会の損

失」に対する「罰則規定」のような不可思議な論理だ。

　ムロウ氏は岩のように堅物であるイギリス人とは反りが合わない。17世紀のイギリスの哲学者ジョン・ロックは「人間はある特定の観念を生まれつき持っている」という考えの生得説を真っ向から否定し、「観念は経験を通してのみ体得される」と主張し、人間は生まれた時は「タブラ・ラサ」（白紙）の状態にあり、経験によってのみ知識が脳に書き込まれる、とした。

　だから、日本で育ったイギリス人も、イギリスで育った日本人も、その社会に同化するという考えだが、果たしてそれが正しいかどうかムロウ氏には分からない。遺伝子的に違う体格、肌の色、老化の速度など、体の仕組みと心の仕組みには関係がないのかどうか・・・。

　ジョン・ロックの考え方が支配する国。「運賃の論理」はイギリスでの経験によって知識が脳に書き込まれたイギリス人には正しいようだ。江戸から京に上る時だけ駕籠を使うとすれば、駕籠かきは運が悪ければ、帰りはカラ籠になる。でも、タクシーはどうなるのだろう。ムロウ氏の低能の頭では到底解けない難問である。

　やはり海外旅行はツアーではなく、独自で行動するといろんな問題に直面して、そこで考えざるを得なくなる点がいい。

9
クロウ・パトリックと国立飢餓記念碑
(Croagh Patrick and National Famine Monument)

メイヨー州の美しい町ウエストポートの近くに、The Reek（噴煙）として親しまれているクロウ・パトリックの山がある。海抜764メートルと見たところさほど高くはない富士山の小型のような山である。登るとなると、やはり3時間はかかる。この山の頂上には、ケルトの部族の要塞が紀元前3〜5千年前にあったとされている。

しかし、今はアイルランドの守護聖人、聖パトリックが西暦441年に40日間の断食をした場所として知られている。信者が毎年7月の最後の日曜日に聖パトリックの偉功を偲んで、彼が登った同じ登山道を辿る。

この日は "Reek Sunday" と呼ばれていて、世界各地からやってくる巡礼の人々で登山道が夏の富士山のように数珠つなぎになる。「悔悟の苦行」(penance) として裸足で山に向かう者もいる。当日は山頂において午前8時から午後2時まで数回ミサが執り行われる。聖パトリック礼拝堂内では希望すれば司祭に懺悔をする機会を与えられる。

聖パトリック

9. クロウ・パトリックと国立飢餓記念碑

　伝説によると、聖パトリックはこの山で蛇をアイルランドから追放したとして知られている。そう言われてみるとムロウ氏はアイルランドではまだ一度も蛇を見たことがない。

　見たことがあるのは、日本では見たことがない蛇的な静物だった。

追放された蛇の化身？

　しかし、いまのグローバル化した世界で、アイルランドにもこのことを知ってわざと蛇を持ち込む良からぬ外国人がいないとも限らない。ムロウ氏は琵琶湖にブラックバスを面白半分に放った輩を退治してほしいと、聖パトリックに頼むのは無理だとしても、弘法大師様にお願いしたいと思っている。

　この山の麓を走るR355の道を挟んで、クリュー湾側のマリッスク地区に青銅でつくられた小型の船の形をした飢餓記念碑がある。1840年代のアイルランドの大飢饉の際にアメリカやイギリスなどに渡る移民を乗せた「棺桶船」(coffin ship)と呼ばれる移民船をモチーフにジョン・ビーハンが彫像したモニュメントである。船の装飾部の至るところに骸骨のように痩せた人々が、霊となって船の中を悶え苦しみながら浮遊しているイメージで造られている。

飢餓記念碑

　ダブリンを流れるリーフィー川の河口にも、痩せ衰えたみじめな姿の人々が亡霊のように歩く姿の像が立っている。飢饉追悼碑だ。スライゴにもデリーにも、至る所に貧困にあえぐ人々の像がある。

ダブリンの飢餓像

スライゴの飢餓記念碑

デリーの飢餓像

　主食のジャガイモが菌に侵されて軒並み腐っていったのである。飢餓による100万人の死者、移民として国を去った者も200万人という悲惨な時代の人々の像である。

9. クロウ・パトリックと国立飢餓記念碑

Famine Ship（飢餓の人々を乗せた移住船）

　クロウ・パトリックの頂上は、ほとんど毎日雲に覆われていると聞いていたのに、ムロウ氏がこのクロウ・パトリック近くに来ると、青空を背景にして山がくっきりと見える。山道の入口には「旅行案内所＆土産物店」というには、いささかお粗末な石造りの小屋から、聖パトリックの白い像を右手に見て、なだらかな稜線を信仰心の厚い人々か、物見遊山の登山客かは分からないが、どんどん右肩上がりにたくさんの人々が歩いて頂上に向かっている。下山してくる人の姿もちらほら見かけられる。

　ここに来たものの山に登るつもりはなかった。ムロウ氏は階段でも息切れするのだから、3時間もかけて山になど登れるわけがない。それなのに、「こんなに天気が良くて絶好のコンディションはない。チャンスだ、登ろう」と連れのパトリシャは意気揚々としている。とても断りきれない。ムロウ氏は「No!」と言えない日本人の典型であり、もめごとが起これば他人任せにする京都人の代表格でもある。だから、ジョシュアを「出し」にして逃げようとする。ジョシュアは山登りは苦手である。

ムロウ氏　この山に登ろうって言われてる。

ジョシュア　嘘でしょ。こんな高い山に？ 何時間かかるの？

ムロウ氏　さあ３時間ぐらいじゃないかなあ。下山を考えると５時間ぐらい。

ジョシュア　そんなの、夜になってしまうじゃない。それに、山登りするなんて聞いてなかったわ。あなたは登山靴だけど、私はこんな革靴よ。

　確かに、登山道は小石だらけである。ムロウ氏は登山のためにトレッキング・シューズでアイルランドに来ているわけではないが、長年の経験でアイルランドの土地にはトレッキング・シューズが最適であると知っている。ホテルでも、レストランでも、図書館でも、人に「白い目」で見られたことは一度たりともない。もっとも、ムロウ氏の言うホテルはB&Bであるし、レストランとは庶民の憩うパブのことだし、彼らの「目は青い」・・・。

ジョシュア　この前、ノックナリーに登って、パトリシャが自分の家が見えるところまで行こうなんて言うものだから、あの尖った石ころの上を歩かされて、靴底がいっぺんにだめになってしまったの知ってるでしょ・・・。

ムロウ氏　そんな話、聞いてないから知らない。

ジョシュア　その時に言ったわ。

ムロウ氏　じゃあ、忘れた。

ジョシュア　なんでも、すぐに忘れるから困ったこと。

ムロウ氏　なんでもじゃないね。君がジョシュアだって、まだ知ってるよ。

ジョシュア　そんなこと忘れるようになったら、どうか勝手に老人養護施設にお入りくださいってことになるわ。

50

ムロウ氏　そうならないように、聖パトリックにお願いするつもりなんだから、登らないとダメみたい。断りきれないよ。君の靴が登山用じゃないからって言って断ろう。僕はいつもこんな「ヘビー」な靴を履いてるんだから、断りずらい。
ジョシュア　それ、蛇のだじゃれ？

　ジョシュアが登れないと突っぱねてくれたおかげで、ムロウ氏はパトリシャの強い要望を退けることができた。ほんの15分程度、白い聖パトリックの像が立つ登山口のところまで登るだけで「難」を逃れた。
　ジョシュアは土産物店の小屋で待つこと半時間、所在なさそうに立ち尽くしていた。

クロウ・パトリックと聖パトリックと St. Patrick's Day が誕生日のパトリシャ

10

ハイクロスとクロンマックノイズ教会、グレンダロッホ、パワーズコート
(High Cross & Clonmacnoise Cathedral, Glendaloch, Powers Court)

　現在、アイルランドの若者も、他の西洋諸国の若者と同じように宗教心が薄れてきている。しかし、聖パトリックが伝えたキリスト教は、都会を離れれば風習として残っているのではなく、まだ多くの人の心の支えとなっている。

　では、キリスト教が伝えられるまでアイルランドの人は何を信仰してきたかというと、日本とよく似ていて自然崇拝であった。石、山、川、湖、木などに神様が宿ると信じていた。アイルランドには雨がよく降り、緑豊かな島には、古き良き時代の日本の田舎を彷彿させる景色がある。均整がとれたなだらかな丘、奇妙な形の山、しぐれの後に青空を背景に一日に何度も虹の橋がかかる澄んだ湖水、巨石群、大木が立ち並ぶうっそうとした森。誰しもそこに神性を感じる。ひとたび風景の中に入り込めば、土着の神様や小さな妖精たちがそこに住んでいると言われても、何の違和感もない「自然」がそこにある。

　逆説的に聞こえるかもしれないが、自然に対するこうした敬虔な気持が土台にあったから、人々は素直にキリスト教を信じることができたのだろう。日本でも徳川幕府によって弾圧されなければ、おそらくキリスト教も仏教のようにずっと以前に広く流布していたに違いない。

　オファリー州シャノン川流域のアスローン地区には、クロンマックノイズ修道院がある。この教会は聖キアランによって西暦544年に創設された。この教会を造るのを助けたのは、アイルランド上王（High King）としては最初のキリスト教徒となったディアミッドである。

　ここは地理的にも交通の要所であったために、9世紀までは商業や工

10. ハイクロスとクロンマックノイズ教会、グレンダロッホ、パワーズコート

業、そして学問、宗教の中心地となっていた。ヨーロッパ各地からも、この地へ学者が集まったし、アイルランドの僧侶が宣教師としてヨーロッパ各地に布教活動にも出た。(ちなみに、スイスのザンクト・ガレン修道院を訪れたムロウ氏は、そこはアイルランドの聖ガルスによって西暦613年に設立されたものが母体だと知った。ザンクト・ガレンの町の名前も聖ガルスの名前から取られたものだ。)

かつてはタラの王の埋葬地でもあったクロンマックノイズ教会は度重なるバイキングやイギリス人、ノルマン・バイキングの侵略を受け、12世紀中盤以降は徐々に衰退していき、しだいに堅固な要塞に囲まれてアイルランドの中央に位置するアスローンにその地位を取って代わられた。そして、クロンマックノイズの住人もアスローンに移っていった。

現在は、1993年にできたビジターセンターで、教会の歴史の説明や工芸品が展示されている。しかし、なんといっても、廃墟となった教会にある数多くのハイクロスやラウンドタワーは圧巻である。

クロンマックノイズ教会跡のハイクロス

53

ダブリンから南に 50 キロほど下ると「アイルランドの庭」と呼ばれるウィックロウ・マウンテンズ国立公園（Wicklow Mountains National Park）がある。ここはアイルランドの６つの国立公園の中で最も面積が広く、アイルランドの東部に位置する唯一の国立公園である。

「山岳」（Mountains）という名前が付けられていることからも分かるように、氷河期に深く切り込まれた谷や、その奥底に静かにたたずむ小さな湖、それに加えて日本のなだらかな傾斜の山を思い起こさせるウイックロウの美しい山々が公園内にある。その中でもとりわけラグナキリア山、キッピュア山が美しい。スタンレー川は山々を抜けて南へ流れ、ウェックスフォードの地でカーディガン湾（セントジョージズ海峡）に注いでいる。山に登れば、下には植林された緑の森やその間をうねって視界の果てまで続く小道が見える。雨が降れば、山のあちらこちらが滝となり、落差が白糸の滝の数倍にもなる水があちらこちらから流れ落ちている。

グレンダロッホのタワーと教会

ウイックロウの町から西へ車で半時間ほどの距離のところには、グレンダロッホ峡谷がある。その中に聖ケヴィンが創設した修道院がある。6世紀に聖ケヴィンがキリスト教布教の中心とした場所である。そこはアイルランドにおけるキリスト教の聖地のひとつであり、9世紀にはヨーロッパ各地から聖職者が集まった地でもある。よく観光案内の本で目にする31メートルの高さの石造りのラウンド・タワー、石造りの教会、苔むしたハイクロスは必見の価値がある。

さらに、ウイックロウ・マウンテンズ国立公園の目玉はグレンクリー峡谷（Glencree Valley）とサリー峠（Sally Gap）、起伏の多い緑のなだらかな山々、ヒースが生い茂った広大な原野である。

この公園から車で東に15分ほど走ると、パワーズコート（Powers Court）がある。このPowers Courtも、本来の名前はラ・ポール（la Poer）なのに、「（複数の）力ずく」で英語風にパワーズ（Powers）に変えられてしまった。

パワーズ子爵の造った宮殿とその広大な美しい庭は「ナショナル・ジオグラフィック」によって、世界の美しい庭トップテンの3位に位置づけされたほどだ。3位かどうかは、見た人それぞれが感じることなのだから、ランキングなどつけることに意味があるのかどうかは分からない。評価を下す人は世界の庭をすべて知っている人でなければならないし、その評価基準は何なのかも明確ではない。人の美意識の違いもある。日本の寺院の枯山水の「美」は西洋の宮殿の庭の美しさとは異なるものだ。優劣はつけがたい。

パワーズコート

　こんな、原理、原則の話を持ち出しては、Beauty Contest も開催できないのだし、まあできたとしても、どこかの国の最終候補者の顔がどういうわけかみんな同じ顔だったなんてこともあるので、その話は突き詰めて考えないことにするが、宮殿から見る庭は広大である。これはパワーズ子爵がベルサイユ宮殿やウィーンのシェーンブルン宮殿、ハイデルベルク近くのシュヴェツィンゲン宮殿を訪れた際にその庭の美しさに感動して、それを模して造ったと書かれているが、あまり似ているとは思えない。庭園の完成には 20 年かかり、1880 年にできあがった。
　パワーズコートの庭園内で特筆に値するものは、バンベルク門、イタリア様式の庭園、石の塔によるタワーバレー、日本庭園、翼のある馬の彫像である。徳川綱吉ファンクラブ推奨アイルランドツアーに参加した人か、自薦で選んだイカズゴケ的人生の下降期に差し掛かり、犬にしか相手になってもらえないような「連れない」女性には、ペット墓地がある。クジラやイルカ・ウォッチングに興味のある人は、イルカ池がお勧めだ。
　ちなみに、この宮殿はアレクサンドル・デュマ・ペール原作の『モンテ・クリスト伯』の映画（The Count of Monte Christo, 2002）のロケに使用された。

11

ディングルとブラスケット諸島とコナー峠
（そして、フルカ峠）

（Dingle, Brasket Islands, Connor Pass ［& Furka Pass］）

　ゴールウェイから南にゴートを越え、リマリックに入り、そこから西
に向かい、フォインズにある「飛行艇博物館」を左手に見て、リストウ
ェル、トゥラリーを抜けると、アイルランド南西部ケリー州である。そ
こに大西洋に細く突き出しているディングル半島がある。周回すると
200キロの距離だ。半島の付け根のブレナーヴィルから田舎道のR560
を走る。これは半島の北を通る道で、スランドバリー山の麓からだんだ
んと山間部に入り、急勾配の曲がりくねった道になる。その難所がコナ
ー峠（Connor Pass）である。アイルランドのいたるところを車で走っ
ているムロウ氏であるが、こんなに激しいカーブの連続は初体験である。

　しかし、これはローヌ氷河見学の際にスイスのフルカ峠で恐ろしい目
にあっているムロウ氏には大した問題ではない。人間、「大」苦労をし
ていると、普通の苦労はさしたる苦労ではなくなることがよく分かる。
子供に若いときに苦労をさせる親がいなくなっていることによって、子
供が後々さしたる苦労でもないことを「大」苦労だと勝手に思い込んで
挫折し、自殺や他殺する原因ともなっていることを、ハンドルを右や左
に切りながら、この峠で嘆くムロウ氏である。

　アイルランドではないが、フルカ峠の説明に入る。これは、スイス
アルプスの高所、標高2,436メートルの高さの峠である。ショーン・コ
ネリー主演のジェームズ・ボンド映画『ゴールド・フィンガー』（Gold
finger, 1964）にも使われた場所だ。ここの勾配とカーブの角度は半端な
ものではない。それなのに、高度が2000メートルを越えたあたりから
濃霧に覆われてきた。雲だったのかもしれない。とにかく、フォッグラ

ンプもない車、ヘッドライトの光は車の先3メートルほどしか届かない。峠近くになると離合するのが精一杯の道。下ってくる対向車側の左は山の壁面、ムロウ氏の登り側の道はガードレールもなにもない道。左の車輪を脱輪すれば、どこまで落下するのか分からない谷がある。深い霧のために、どこまでが道でどこからが崖なのか分からない。

フルカ峠

ジョシュア　私が降りて、先を歩いて誘導しましょうか。
ムロウ氏　　それは無理だろう。外はこんなに寒しい、対向車は道に人が歩いてるなんて思ってないから、轢かれるかもしれない。君は車を避けようとして道を踏み外して崖から落ちるかもしれないし・・・。

　結局、老人が歩行するのと同じほどの速度で峠は越えたのだが・・・。（今、インターネットでフルカ峠の景色を見ると、車道はしっかりと2車線あり、崖側には落下防止の杭のようなものが打たれている。拡幅工事や安全対策がとられたのだろうか。それとも、濃霧で車線や杭さえも

11. ディングルとブラスケット諸島とコナー峠（そして、フルカ峠）

見えなかったのか・・・。）

　フルカ峠の話を書くと、ついでにどうしても書きたいことがある。それは、途中のフェリーである。道に「フェリー乗り場」は左折と看板が出ていた。「スイスにフェリー？　海などないのに・・・。きっと大きな湖があり、そこを渡す船に違いない。そんなものに乗っては目的地と違う場所に行ってしまう」と思い、そのまま道を直進した。

　ところが、帰路にも同じ看板が出ていた。いったいこんなところにどんなフェリーがあるのか見てみようと、興味津々で看板に従った。すると、そのフェリー乗り場に着くと、なんと、西部劇の幌馬車のような形の貨物列車の後部が開いていて、車でそのまま乗り込めるようになっている。ムロウ氏は金額はいくらか忘れたが、料金を払って乗り込んだ。車からは人は降りられない。車は一列になって乗り込んでくる。列車がトンネルを抜けると、引っ張っていた機関車がどこかに消え、その先にまた両輪が通れる鋼鉄の軌道のようなものが接続され、フェリーに乗り込んだ順に降りて行くのである。このフェリーは、車が山越えをせずに通過できるようにするための列車である。

スイス山中のフェリー

59

英和辞典でFerryの意味を調べてみると、船だけでなく飛行機もある。それなら、汽車であってもおかしくはない。それにしても、トンネル内をわざわざ列車に載せて運んだりせずとも、安房峠のように道路にしておいて、勝手に車が走っていけるようにしておけばいいものを・・・といまだにその謎が解けないムロウ氏である。

　コナー峠を越えるとディングルの町は近い。町に入ると、ハワイの海辺かフランス南海岸のコート・ダジュールにでも来たのかと思えるほどの賑わいだ。すべての色彩がカラフルで華やいでいる。ファンギーという名のイルカが有名になったことがあるが、ファンギーの看板だけでなく、フェリー、ダイビングスクール、水族館、それにレストラン、カフェなどの看板が立ち並ぶ一大観光地になっている。

　路駐の車で狭くなった通りを抜けて、一路、ディングル湾を左手に見て、ブラスケット諸島に向かう。前方にグレート・ブラスケット島が見えてくると、壁側に白いキリスト像がある。スリア岬に来たということである。

スリア岬のキリスト像

11. ディングルとブラスケット諸島とコナー峠（そして、フルカ峠）

　フェリー乗り場を探しあてた。坂道を下りて行ったところだ。グレート・ブラスケット島はすぐそこに見える。風が強いので船は出ないかもしれない。せっかくここまで来のだから島に渡ってみたいムロウ氏である。

ブラスケット諸島

ムロウ氏　　ブラスケット諸島は、僕の研究している J. M. シングが来たところだから、なんとか島に行けないものかなあ。
ジョシュア　気持は分かるけど、こんなに風が強いのに行けるわけがないでしょう。
ムロウ氏　　こんなに近いのに？ 琵琶湖の西岸から見る竹生島ぐらいの距離だ。
ジョシュア　距離の問題じゃなく、船が出なけりゃ泳いでしか行けないでしょう。
ムロウ氏　　ちょっとフェリー乗り場だけでも見て来る。

　強風が吹き荒れる中、ムロウ氏に付いて行きたくはないジョシュアであるが、人っ子ひとりいない場所に取り残されるは不安なので、ムロウ

氏に付いては来るが、風の強さは冬のジャイアンツ・コーズウェイの時のようだ。今は夏。それなのに寒い。ジョシュアは下まで降りてこようとはせず、ムロウ氏が見えるところで待っている。

ムロウ氏　　やっぱりだめだ。誰もいない。

　ムロウ氏は断念せざるを得ない。ディングル半島の先端のダンキンはアイルランド本島では最西端である。「アメリカの隣の地区」と冗談で言われる場所だ。ここは、デイヴィッド・リーン監督の『ライアンの娘』（Ryan's Daughter, 1970）のロケ地としても知られている。この地を訪れて、虚しくディングルを後にしたムロウ氏であった。

『ライアンの娘』のロケ地

　ちなみに、ブラスケット諸島は、1950年代に政府の計画により、住民は本島に移され、いまは無人島になっている。

12
キラーニー国立公園、ブラーニー城
（Killarney National Park, Blarney Castle）

　ディングル半島の付け根のミルタウンから南東に下ると、キラーニー国立公園がある。ここは日本の国立公園に似た優しさが風景の中にある。公園内に大きなレイン湖やマクロス湖があり、ケリー周回道路（Ring of Kerry）が「美のドライブ・コース」になっている。キラーニーの町から時計回りに、坂のあるケンメアの町を過ぎると、Ladies View（夫人の眺め）という場所がある。夫人を眺めるのではない。ヴィクトリア女王のお付きの貴婦人が19世紀半ばに訪れた際に、景観の美しさにため息をついたことからこう名づけられたものだ。確かに、美しい。ここがムロウ氏の今回の目的地となった。

レディーズ・ビュー

　ムロウ氏が高校時代に数学を習っていた今は亡き家庭教師の先生が、会社から派遣されてこの地に暮らしていた時に撮った写真を胸に、故人

を偲んでの旅である。ケリー周回道路では、この写真の場所はどこか分からないかと現地の人に聞きまわってのドライブである。出会った人達はとても親切で、レディーズ・ビューだと言う。そこでレディーズ・ビューに着いて、そこを背景に先生の写真を手に持った姿でジョシュアに写真を撮ってもらった。それを日本に帰ってから先生の奥さんに送った。

　この「故人を偲ぶ旅」でつくづく残念に思うことは、アイランドのケリーに在住していた先生と、ロンドンに頻繁に滞在し、アイルランドにも行っていたムロウ氏とが、お互いに日本で年賀状をやりとりするだけで、相手はずっと日本にいると思っていたことだ。どちらかが一言書いていれば、アイルランドでの再会は確実だった。2人で富士登山をして以来、40年以上も語り合うこともなく逝ってしまわれた。いくら願っても二度と会えない人だ。淋しい。

恩師の写真を手にキラーニー国立公園で

　ケリー州に行ったついでにと、ムロウ氏は隣のコーク州の港湾都市コークのそばにあるブラーニー城を訪れた。この城は英語のテキストによく登場するし、シャーロック・ホームズの『ブラーニー石の冒険』（*The*

Adventure of the Blarney Stone）でも読んだことがあるので、実際に見ておきたいと思ったからだ。

　10世紀に作られた最初のものは木造建築だったが、12世紀には石灰岩の石造りになり、現在の城はマンスター地域の王であったマッカーシーによって1446年に要塞として建てられたものである。

ブラーニー城

　エリザベスⅠ世はレスター伯爵にこの城を攻略するように命令を出したが、マッカーシーの策略に手こずり攻略は遅々として進まない。マッカーシーはエリサベスⅠ世に長々と女王を賛美する文章を連ね、意図的に要領の得ない手紙を出し、これを読んだエリザベスⅠ世に "It's blarney（お世辞／おべっか）" と嘆かせ、結局はこの城は攻略されずに済んだという説と、マッカーシーが自らエリザベスⅠ世に会いに行き、彼のブラーニーの領地を取られないようにうまく説得したことから、この城は「雄弁城」となったという説がある。どちらにしても、この伝説のもとになった石灰岩の「ブラーニー石」は城壁の最上部にある。長い階段を上がり、細い通路を歩いて進むと、胸壁でひとりの男性が待っている。

　その男性は、城壁にキスをすると雄弁になれるというのを信じて？壁

の特定の位置にイナバウアーかハリバウアーのような格好で仰向けになってキスをする人を支える係員である。下半身がある場所とキスをすべき壁との間には微妙な（かなり大きな）隙間があり、両手で自分の体重を支えるための鉄棒がある。何らかの拍子で、キスをする際に手を滑らせたりして、落下しそうになっても大型西洋人の体型なら真ん中に通された鉄棒に引っかかるはずである。（鉄棒が腐りかけていてその重量に耐えきれるかどうかは不明。）日本人の細身の女性なら、落下防止の鉄棒をスルッとすり抜けて、数十メートルも下の美しい芝生に落下し、そこでリバウンドして、天空の「楽園」にさようならということになりかねない。それならまだ救われるが、心がけの悪い人間なら一気に地獄の底に直行ということになる。どちら行きになるのかはいずれ審判が下ることになるが、ここでは仰向けになる人間の腰を支えてくれる係員がこの世の最後の審判員である。彼がしっかり支えてくれればいいが、わざと（うかつに？）手を離せばお陀仏となる。

ブラーニー城の屋上

両手で金棒を握り、背面キスをする壁、そして穴

　高所恐怖症で人間に不信感を抱くムロウ氏は、そんな危険な賭けには出ない。最後の審判もできるだけ遅いにこしたことはない。
「ジョシュア、あれやってみる？」
　自分はしないのに、他人ならやらせてみようとするムロウ氏である。

12. キラーニー国立公園、ブラーニー城

ジョシュアはだいたいどんなことでも興味津々やってみようとするのだが、あいにく潔癖症で、カビが生えているような壁にキスをするなど、そんな不潔なことができるわけがない。

「私はいいわ」と「あなをかし」的な顔で穴を覗き込むだけで、素通りしてしまったジョシュアである。

13
トリニティー・カレッジ（Trinity College）

　ダブリンのアイルランド銀行に正対して厳かな建物が立っている。1592年にイングランド女王エリザベスⅠ世によってアイルランドで最初に創設されたトリニティー・カレッジである。オックスフォード大学やケンブリッジ大学と並ぶ古い大学である。18世紀末まではイギリスからの入植者やプロテスタントの人々の教育機関で、カトリックの信者には入学が許可されていなかった。いまは無神論者のムロウ氏でも正式に入学しようと思えばできる。

　正門の横には、日本の寺院に譬えるなら、阿吽の像のように立っている２人の人物像がある。「阿像」が政治家のエドモンド・バーク、「吽像」が劇作家のオリバー・ゴールドスミスの像である。２人とも口を閉じているから、どちらが「阿」で、どちらが「吽」なのか分からない人は、「阿像」は正門に向かって右側、「吽像」は左側だと覚えておけばいい。（なぜか東大寺南大門だけは逆らしい。）

トリニティー・カレッジ正面

この2人はトリニティー・カレッジの卒業生である。他にも、この大学の卒業生にはノーベル賞作家のサミュエル・ベケット、詩人であり『サロメ』などの劇作家で『ドリアン・グレイの肖像』などの衝撃的な小説を書いたオスカー・ワイルド、『ドラキュラ』で有名なブラム・ストーカー、風刺小説『ガリバー旅行記』を書いたジョナサン・スウィフト、ムロウ氏が専門に研究した劇作家のJ. M. シングなどがいる。

　ムロウ氏はある夏、トリニティー・カレッジの文学部の教室を借りて胡散臭い業者が主催している、アイルランド文学の講習に2週間参加したことがある。パンフレットでは、あたかもトリニティー・カレッジの文学部が主催しているような書きっぷりだった。授業を受けている間に、なんとなくそうではなさそうなことが分かってきた。

　教員は確かにどこかの先生のようではあるが、トリニティー・カレッジの教員では絶対にないのが分かる。キャンパス内のことを聞いても何も知らない。イギリスのケンブリッジ大学やオックスフォード大学の夏期講習も、教員がその大学の講師とは限らないので、同じことだと言えばそれまでだ。

　この「文学」業者に、トリニティー・カレッジの寮費をなぜか二重請求されているのが講習を受ける直前に判明した。たまたま、ムロウ氏がイギリスのケンブリッジに1年間滞在している間に申し込んだもので、日本の口座から引き落とされていた。明細書は、毎月、日本にいるジョシュアから送られてきていたので、そのことが分かり、講習が始まるとすぐに口座の明細を提示し、二重徴収した額の返却を求めた。

　秘書は謝罪し、銀行口座に払い戻す書類を作成してムロウ氏に手渡した。それで安心してイギリスに戻ったのだが、いつまでたっても入金された様子がない。夏期講習などとっくに終わって秋風が木枯らしに変わり、木の葉は地面に堆積するような季節になってもそのままである。ムロウ氏は怒りを込めて、抗議の手紙を業者に出したら、秘書から返事が来た。文面は、「いま、経営が苦しいので、しばらくお待ちください。

必ず入金されると信じています」。

　さすが、敬虔？な国民である。何事も神の思し召しに従って・・・「信じています」（I believe）という文言がいかいもウソっぽい。エセ宗教的な「信心が肝心」という意味合いがある。

「あれから40年」以上、なしのつぶて。「払い戻し証明書」はムロウ氏の家の神棚に飾られたまま埃まみれになっているのに、銀行振り込みはいまだにない。きっと、秘書がギネスでも飲み過ぎて人間破綻したのだろう、と嘆くムロウ氏である。陽気なアイルランド人、みんながみんなこうだというのではない。ただ、その国に対する印象は、限られた人しか知らない場合、その人によって大きく左右される。この事件のためにムロウ氏のアイルランドに対する親密感は少し薄らいだままだ。

　次からは、アイルランドのパンフレットは熟読し、用心して支払いを済ませた。もうムロウ氏は騙されることはなかった。シング・サマー・スクールでは、ディレクターはトリニティー・カレッジの有名な教授が講師だった。それ以後も、ダブリンの宿泊には必ず、トリニティー・カレッジの寮を利用した。大学の夏期休暇中は、観光客にもリーズナブルな値段の宿泊所として提供されているので、ここはムロウ氏がお勧めの定宿である。ただし、古い建物のほうは大丈夫なのだが、なぜか内装が新しく作り変えられたところは「危険」だ。

　パトリシャの家に宿泊させてもらっていた時、バスルームの場所を案内されたが、そこのバスタブには蓋がしてあり、その上には花瓶や置物が飾られていた。断捨離をする気にでもならないと「お風呂」には到底入れない。使えるのはトイレだけであった。これでは Bathroom と呼ぶ資格はないと思うムロウ氏である。入ってもいいと言われたのは、ハリー・ポッターにあてがわれた部屋と同じ位置、即ち、階段の下に作られたシャワールーム兼トイレである。頭上のシャワーヘッドは固定式。シャワーカーテンはない。あるのは、折り畳み式の50センチほどの屏風型の簡易の囲い。立ってシャワーを浴びると水がトイレの床に溢れる

のは一目瞭然だ。

　ムロウ氏とパトリシャが、アイルランド作家ジョン・マックガハーン（John McGahern［1934-2006］）のゆかりの地であるリートリム州に日帰りリドライブに出かけていた時に、ジョシュアはひとりぼっちで何もすることがないので、意を決して、服を脱ぎ、屏風を立て、シャワーを浴びる体勢を整えて、教えられたとおりに、シャワーの栓をひねったが、お湯どころか水さえも出てこなかったとのことだ。ということで、ムロウ氏もジョシュアも3日間、No Bathtime となった。

　そこで、ダブリンに戻り、トリニティー・カレッジの寮にチェックインして、真っ先にシャワータイムである。4、5人で共用の台所と改装したての新しいシャワールームだった。宿泊客は他に誰もいない。嬉々として先にジョシュアが浴び、体も頭も洗った。

　洗い終わって、シャワーカーテンを開けると辺りが水浸しで、泡だらけになっている。驚いたことに、そのシャワー室のタイルの床は排水溝に向かっての勾配がなく、「バリアフリー」になっていた。人が転倒しないようにフリーなだけでなく、水もフリーにどこにでも流れ出すようなシャワールームである。ジョシュアは慌ててムロウ氏に叫んだ。

ジョシュア　　たいへんよ。水が溢れてる！
ムロウ氏　　　何という浴び方なんだ！　君がハデに入るからだろう！

　続いてムロウ氏が入った。出てきたらジョシュアの時よりはるか遠くまで水浸しになっている。

ムロウ氏　　　こりゃひどい。
ジョシュア　　そうでしょう。私のせいにしたけど、あなたの方がひどいじゃない。
ムロウ氏　　　そうだね、あんなに上品に入ったのに・・・。

ムロウ氏は照れ笑いをする。ジョシュアは何も言わなかったが、心の中で、「なんでこの人は、よく考えもせず、まず最初に私に怒るのか」と嘆くのであった。

　シャワールームと脱衣所との間には段差はなくても、シャワーカーテンがあるので、水は漏れ出ないという建前になっているのだろう。ところが、水はシャンプーの泡をシャボンの船にし、勝手気ままな方向に流れている。水が共用のスペースであるダイニングルームにまで押し寄せ始めているのに気がつき、体を拭く充分な時間的ゆとりもなく、バスタオルを使って、はいつくばって水を排水溝に誘導する作業をした。大騒動である。

　なぜかイギリスでも長年イギリスの支配化にあったアイルランドでも、水は下方に流れるという法則を無視したようなシャワーやバスタブが数多く作られている。厠や風呂、そして大地震にも耐えうる木造の五重塔などを造った日本の大工の伝統の技とその「英知」を心から称賛することになる。

　海外に行けば日本人がいかに優れた民族であったのかがよく分かる。（今ではこれは疑わしい。）ムロウ氏は国粋主義者ではない。機械文明は西洋人が先を走ってきたが、彼らは粗雑で、「野蛮」であることは否めない。文化の面においては、はるかに日本のほうが優れているし、日本人のほうが繊細で、分別があり、礼儀正しく、相手の気持を思いやれる。時には、思いやりがあり過ぎる・・・。だから「外人」に好き勝手なことをされる。良いのやら悪いのやら・・・。

13. トリニティー・カレッジ

　トリニティー・カレッジは街の中心に位置し、すぐそばに繁華街のグラフトン・ストリートがある。北にほんの少し歩き、リーフィー川を越えるとオコネル・ストリートやパーネル・ストリートなどの目抜き通りである。

リーフィー川に架かるリーフィー・ブリッジ

　この大学には、世界で最も美しい本と称えられ、アイルランドの国宝ともなっている『ケルズの書』（*The Book of Kells*）と呼ばれる装飾豊かな手写本の福音書が展示され、これを見るために観光客が大学構内に長い列を作っている。

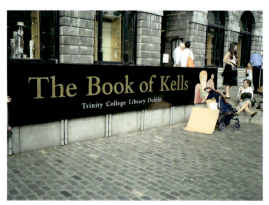

トリニティー・カレッジ構内

　これは西暦804年にバイキングの襲来のために、スコットランド西方沖にあるアイオナ島の聖コラムキル修道院から逃れ、ミース州のケルズに移り住んだ修道僧たちが大切に保管していたものである。この書にはケルト特有の渦巻き模様や、人や動物なども描かれている。これは680頁あり、新約聖書の4つの福音書（「マタイによる福音書」、「マルコによる福音書」、「ルカによる福音書」、「ヨハネによる福音書」）から成り立っている。

　見学できるのは、彩色の頁とテキストの頁の見開き4頁分だけである。全頁を見るなら最低でも170回来なければならないという計算になる。それも運良く、毎回異なる頁が展示されているという条件でのことで、おそらく全頁を実際に見られる人は観光客にはいないはずだ。その見開きの頁の煌びやかさと整った書体はきわめて美しく、並んでも見る価値は充分にある。（夏休み中のUSJや東京ディズニーランドの長蛇の列を思うなら、なんてことはない。）

14
ダブリンのギネス工場 (Guinness Storehouse in Dublin)

　トリニティー・カレッジを出て西に歩くとダブリン城がある。そこを越えてさらに西に2キロほど歩くとアイルランドが誇る黒ビールのギネス工場が見えてくる。

　建物に入ると、初代のアーサー・ギネス氏がセント・ジェームズゲート醸造所と9千年の賃貸契約を1759年に結んだ契約書が、アームストロング飛行士が月面から持ち帰った石が仰々しく展示された1970年の大阪万博の時のような趣で飾られている。

　どこにでもあるような「月」並みのビールができあがるまでの工程に従って工場見学を終えて最上階に上る。そこからは東西南北ダブリンのあらゆる方向をガラス窓を通して見渡せる。遠く南にはなだらかなウィックロウの山々が見える。ここでギネスがグラス1杯分無料になっているが、観光シーズンになると混雑していてゆっくりと味わって飲むことができない。幸いジョシュアはお酒もビールも一滴も飲めないので、2杯ともムロウ氏のものになる。(ジョシュアはジュースでもいいということを知らない。)

Gravity Bar の Guiness

75

だが、飲んでみるとなぜか味気ない。ムロウ氏にはソムリエのような味覚があるわけではないから、大口をたたけるわけではないが、グラスの8割ほどギネスを入れ、1分55秒ほど？待って、そして溢れそうになるまでゆっくりギネスを注ぎ足している。しかし、グラスの上からはみ出しているクリーム色の細かい泡粒をテーブルナイフでさっと切り取って出されたウィックロウの田舎のパブのギネスの味とはどこか違う。

　周りの雰囲気の問題なのか、ムロウ氏の体調の問題なのか、実際に味が劣っていたのかは不明であるが、ムロウ氏が人混みを押し分けてカウンターに辿り着かねばならなかった状況と無関係ではないのかもしれない。花火大会か祭りの人混みの中を押しつ押されつ進み、屋台にラムネを買いに行くようでは、ゆっくりと花火を鑑賞できないのに等しい。

ジョシュア　　あそこに、Gravity Bar って書いてあるけど、どういう意味？

ムロウ氏　　　Gravity は、重力とか引力という意味だけど・・・。

ジョシュア　　なんで、そんな名前がついてるの？

ムロウ氏　　　そんなの分からないけど、人を引き付けるってことかなぁ。「厳粛」ってことかもしれない。

ジョシュア　　どうしてこんなに黒いのかしらね。

ムロウ氏　　　アイルランドの川の水が黒いからだろう。

ジョシュア　　川の水で作ってるの？

ムロウ氏　　　川の水と石炭でできたビールなんだよ。ちょっと飲んでみる？

ジョシュア　　普通のビールでも飲めないのに、そんな変なビールが飲めるわけないじゃない。石炭なんか飲んで大丈夫なの？

ムロウ氏　　　冗談だよ。でも、アイルランドでは妊婦も飲んでたって話だから、君が飲んでも大丈夫だろう。

ジョシュア　　でも、あの変わった町のパブにいた人達、覚えてるでしょう。ちっとも大丈夫そうじゃなかったわ。

ムロウ氏	ティペラリーの場末のパブのことかい？　あそこは別だよ。タバコの煙がもうもうとたちこめた中に、ジュークボックスから大音量で音楽は流れているし、確かにイカツイ男たちの腕や首筋には焼けただれたようなタトゥーが刻まれていたね。
ジョシュア	私たちをジロッと見た目は怪物みたいだった。鳥肌が立ったわ。
ムロウ氏	鳥肌ね。確かに、なんか鳥のような形の入れ墨をしている男がいた。
ジョシュア	カウンターの一番端に座ってた大柄の人でしょう。あれは、鳥じゃなくてバイクだと思う。
ムロウ氏	変な鳥だと思った・・・。
ジョシュア	アイルランドの暴走族よ、きっと。外にバイクがずらっと並んでたでしょう。
ムロウ氏	きっと、そうだね。ティペラリー連合だろうよ。
ジョシュア	どこの国でも〇〇連合って、暴走族なの？
ムロウ氏	そんなわけないだろう。国際連合が暴走族の溜まり場ってことないだろう。
ジョシュア	連合って、英語でなんて言うの？
ムロウ氏	United Nations の United だろう。国際連合。
ジョシュア	United States って連合なの？
ムロウ氏	まあ、暴走族のような国だから、それで合ってるんだ。

　最後に、全くついでながら、アーサー・ギネスの奥さんのオリヴィアは 10 人の子供を育て、11 人も流産したとのことだ。与謝野晶子の 12 人の子供というのもすごい話だが、昔の女性は大変だったろうとつくづく思うムロウ氏である。

15

キルメイナム刑務所歴史博物館

（Kilmainham Gaol Museum）

　ダブリン中心部のトリニティー・カレッジからリーフィー川の流れに逆らって西に 10 分ほど歩いていくと、クライスト・チャーチ大聖堂が右手に見えてくる。そこを越えて、さらに半時間ほど歩き続けると、アイルランド現代美術館がある。そこからあと 5 分歩くとキルメイナム刑務所に着く。現在は博物館となっているところだ。

　この刑務所は 1795 年に作られたもので、イギリスに対する反乱を起こした多くの指導者が投獄され、イギリスとアイルランドの関係において歴史的に大きな軋轢を起こした監獄である。

　特に 1916 年のイースター蜂起（Easter Rising）で両者の軋轢は頂点に達した。イースター蜂起は復活祭の週に合わせて、イギリスの支配から脱却し、アイルランド共和国樹立を願って起こされた武装蜂起である。アイルランド義勇軍のリーダーであるパトリック・ピアース、アイルランド市民軍のリーダーであるジェームズ・コノリー、女性ではスライゴ近くのリサデル・ハウスでイェイツが出会って詩に書き残した美しい女性のコンスタンツ・マルキェビッチ伯爵夫人などが指導者であった。

　イースター蜂起の基点である中央郵便局をコノリーが率いる部隊が占拠し、その屋根に三色旗と「アイルランド共和国」（Irish Republic）と書かれた深緑の旗を掲げ、正門前でピアースが共和国暫定政府の樹立宣言を読み上げた。

15. キルメイナム刑務所歴史博物館

中央郵便局

　蜂起は圧倒的な軍事力で1週間で鎮圧され、逮捕された指導者たちは通常の裁判ではなく、軍法会議にかけられ、有罪が宣告されると直ちに処刑された。この処刑により、これらの人達は「殉教者」となり、一気にアイルランドの人達の愛国心を掻き立て、独立への炎を燃え上がらせた。

　ピアースは戦闘中のイギリスの砲火を受けて足首を粉砕されていたので歩けず、椅子に縛り付けられたまま銃殺されている。指導者のひとりジョセフ・プランケットはこの刑務所で銃殺処刑の2時間前に結婚を許されて、即刻処刑。イギリス政府に温情があるのかないのかは意見の分かれるところではあるが、政府は何が何でもアイルランドの独立運動を封じ込めるために、革命家の処刑を最優先した。アイルランドの独立などを夢見て武装蜂起などしたらこんな目にあうという見せしめの即刻処刑である。

キルメイナム刑務所の処刑場

　指導者のうち、女性だったマルキェビッチとアメリカの国籍を持っていたイーモン・デ・ヴァレラ（後のアイルランド大統領）は処刑を免れた。

　キルメイナム刑務所内では一定数のグループでのガイドツアーとなっている。ここは映画のロケにもよく使われている。
　『ミニミニ大作戦』（The Italian Job, 1969）では、イギリスの喜劇作家で俳優のノエル・カワードが扮する巨大な犯罪組織のボスが、金塊強奪の成功の知らせを受けて悠然とキルメイナム刑務所の中央階段を下りてくる場面がある。この時、彼は大勢の看守に歓呼で迎えられる。

15. キルメイナム刑務所歴史博物館

キルメイナム刑務所

　この場面は、トリノの街中をイタリア警察がアルファロメオで追跡するのを振り切って逃げる、ブリティッシュ・ミニの奇想天外な走行シーンと同じほど圧巻である。
　他に、リーアム・ニーソン主演で、ゲリラ戦でイギリスに抵抗したコリンズを描いた『マイケル・コリンズ』（Michael Collins, 1996）があるし、『麦の穂をゆらす風』（The Wind that Shakes the Barley, 2006）がある。この作品では、アイルランド独立戦争の経緯の中で、即時完全独立を目指すのか、最初は南アイルランドだけ「アイルランド自由国」（イギリスの自治領）としての立場を容認し、最終的に完全独立を目指すのかで内戦になってしまい、敵対関係になったIRAのメンバーの兄弟の葛藤が描かれている。

16
ドロヘダとクロムウェル (Drogheda and Oliver Cromwell)

　アイルランドのドロヘダはラウス州にあり、12世紀にノルマン人が定住してできた町で、ダブリンから北へ50キロほどの距離だ。ドロヘダのアイルランド語の意味は「川に架かる橋」である。その川とはボイン川で、アイルランドでは歴史的に、また神話の世界でも重要な川であり、北東に流れアイリッシュ海に注いでいる。ドロヘダはその河口の町で、世界遺産のニューグレンジは町から西へほんの8キロ先である。

　町の最も古い建造物は、ボイン川を見下ろす断崖の上にある12世紀にノルマン人が造ったミルマウント要塞（Millmount Fort）である。現在そこは博物館になっている。聖ローレンス門は、17世紀の半ばにオリバー・クロムウェルによって、アイルランドのカトリックの人々を虐殺するという軍事遠征が繰り広げられた最初の犠牲地として、アイルランド人には忘れられない場所である。

聖ローレンス門

16. ドロヘダとクロムウェル

　ドロヘダは広い河口が奥深く町まで切り込んでいるので、船で攻め入るのには最適な場所として選ばれたのが運の尽きである。ここではアイルランドの兵士やカトリックの僧侶は全員虐殺され、殺されなかった婦女子はバルバドス島へ奴隷として売り飛ばされた。

　プロテスタントの議会派にとってクロムウェルは英雄であり、生前、護国卿となって権勢を極めた。ところが、チャールズⅡ世は1660年に王政復古で権力の座に就くと、父親を殺され、自らも命からがら国外に逃亡せざるをえなくなった憎しみを晴らすための報復措置にでた。2年前に死んだクロムウェルは墓から掘り出され、チャールズⅡ世の父親のチャールズⅠ世が処刑された1月30日に、死骸はそりに載せられて市中を引き回された。その後、公開処刑として首を吊られ、死骸を切り裂かれ、頭は6メートルの杭に突き刺されて、ウエストミンスター・ホールに掲げられた。

　ここはウエストミンスター寺院内の観光ツアーの最後の場所で、木造の屋根があれば、そこがその場所である。ここが寺院でも現存する最古の場所だ。

　イギリスの王族に忌み嫌われたように、アイルランドではクロムウェルは今も虐殺者として唾棄されている。

ムロウ氏　　この町はクロムウェルによって大虐殺があったんだよ。

ジョシュア　だれ、そのクロムウェルって？

ムロウ氏　　ロンドンの国会議事堂の横に立っている騎士みたいな像で、右手に剣、左手に聖書を持っている長髪のおじさん。前に説明しただろう。

ジョシュア　いつ？

ムロウ氏　　ずっと昔、ロンドンで。

ジョシュア　遠い昔の話なんか覚えてるわけないでしょう。

83

ムロウ氏　居直るって、すご過ぎ。いまのおバカタレントと一緒だ。
ジョシュア　あんな人達と一緒にしないで。
ムロウ氏　プライド高いね。

　ジョシュアは人の顔が覚えられない。識別できない。それに、カタカナにも弱い。ローマ字になるとさらにヒドイ。英語になると、もう目も当てられない。

17

ボイン川の決戦 （The Battle of the Boyne）

　クロムウェルが死んで数年後の 1660 年に王政復古がイギリスでなされ、チャールズⅡ世が王位に就いたが、嫡出子がいなかったことにより、王位を継承したのは弟のジェイムズⅡ世であった。しかし 1688 年の名誉革命で王位を奪われたジェイムズⅡ世はフランスへ亡命し、代わりにオランダのオレンジ公ウィリアムⅢ世が妻であるメアリー（ジェームズⅡ世の娘）と共にイングランド王および女王に即位し、新政権が誕生した。

　こうした中で、1690 年の夏、ボイン川流域のオールドブリッジにおいて両者の決戦の火蓋が切って落とされた。勝利の女神はウィリアムⅢ世に微笑み、ジェームズⅡ世はダブリンへ退散した後、フランスに逃げ帰った。

　ムロウ氏が参加した「トリニティー・カレッジ・サマー・スクール」中の日曜日に日帰りツアーがあった。目的地はボイン川流域とボイン川古戦場であった。ムロウ氏はビデオを持って出かけた。その時、撮影したビデオを日本にいるジョシュアに送ったことがあった。

　それから数十年後にボイン川近くのニューグレンジにムロウ氏とジョシュアが訪れた際に、こんないかがわしい会話が車でなされた。

ジョシュア　　あなた、昔ここに来た時に、女の人の胸ばかり望遠レンズ
　　　　　　　で撮ってたでしょう。
ムロウ氏　　　よく覚えてるね。
ジョシュア　　サイテーよ。
ムロウ氏　　　ギャグだよ、ギャグ。

85

ジョシュア　ギャグは言葉遊びでしょう。女の人を盗み撮りするなんて
　　　　　　盗撮魔のすることで、ギャグなんかじゃないわ。

ムロウ氏　　ボインのギャグだよ。分かってないなあ。

ジョシュア　そんな古い誹謗語はやめて。

ムロウ氏　　ボインが誹謗語で、古語か。じゃあ、今は何ていうんだ。

ジョシュア　さあね、私は知らないわ。

ムロウ氏　　巨乳だ！ でも、あれはとても美乳なんて呼べるシロモノ
　　　　　　じゃなかった。

ジョシュア　だいたい、英語の教師をしていたのに、バストをブストと
　　　　　　言ったりして・・・。

ムロウ氏　　それもギャグだよ。ブス女の bust だから、ブストって言っ
　　　　　　ただけさ。見ただろう、あの屠殺寸前のブタイ（舞台）女
　　　　　　優のような姿。

ジョシュア　何、それ？

ムロウ氏　　化学調味料漬けのエサで太らされて、食品として提供され
　　　　　　る前のブタ女たち。

ジョシュア　それは失礼よ。

ムロウ氏　　健康でスリムな豚にかい？

　こんなに人を誹謗してほくそ笑むムロウ氏には、どういうわけかその
誹謗した相手と同じようなことが必ず彼自身に起こってくる。「これぞ、
天罰！」天に唾するものはその唾を受けるという古の諺どおりである。
人は言葉を正しく、行いを正しく、そして心を正しくしないと必ず「不
正三兄弟」の報復を受けることになる。それはムロウ氏のこのブタ発言
でもよく分かる。

　ムロウ氏はサマー・スクールに参加していた頃と比較すると、今では
数トンも体重が増えて、見るに耐えない姿となりつつある。神による屠
殺処分寸前の姿だ。

18
ニューグレンジ（ブルー・ナ・ボーニャ）
（New Grange ［Brú na Bóinne］）

　ダブリンから北に50キロほど行くとラウス州である。ここにはドロヘダの町があり、そこから約8キロ西に進むと、「ボイン川の決戦」で有名なボイン川流域に入り、なだらかな丘陵地帯が広がる。ここに直径76メートル、高さ12メートルのニューグレンジ（アイルランド語では「ブルー・ナ・ボーニャ［ボインの宮殿］」と呼ばれる先史時代の「巨大古墳」）がある。

ニューグレンジ

　これは紀元前3千年頃に作られたとされている。エジプトのギザにあるピラミッドよりも500年も古く、イギリス南部にあるストーンヘンジより千年ほども古いものだと考えられている。ボイン川沿いの肥沃な丘陵地で安定した生活を送ることができた民族によって新石器時代か、それ以前に作られたものである。
　ニューグレンジの近郊のナース（Knowth）にはさらに規模の大きな

ものがあり、同じくダース（Dowth）にも同種の巨大遺跡がある。ユネスコはこれらの遺跡をまとめて世界遺産に認定している。小規模のものなら、同じ種類のものがこの近辺に 35 以上もある。古代の土塁の塚か宗教儀式のためのこのような建造物は、スコットランドのオークニー諸島やウエールズにも見られるし、西ヨーロッパ全体に同様のものがある。これによって、同じ民族、あるいは同種の文化の広がりがあったことが分かる。

　ニューグレンジの名前は、「新しい穀倉地帯、穀物倉」（New Granary）を語源としていて、一時期、実際に穀物倉として使われたこともある。こうしたこともあり、一般的には「グラニアの祠」がその呼び名の起源とされている。

　イギリスのアーサー王伝説に、アーサー王の妻のグィネヴィアとアーサー王に仕える円卓の騎士ラーンスロットの禁じられた恋愛物語がある。アイルランドの伝承にも『ディアミッドとグラニアの追跡』（*The Pursuit of Diarmuid and Gráinne*）という類似したものがあり、これはアイルランドの英雄フィン・マックールの妻グラニアとマックールの部下のディアミッドとの悲恋の物語である。その内容は、ディアミッドが致命傷を負ったので、イーンガスというアイルランドの神が彼をニューグレンジに救出し、後を追ってきたグラニアが彼の看病をするが、その甲斐もなくディアミッドは命を落とす。グラニアはやむなくニューグレンジの祠で喪に服したとされている。

　『ディアミッドとグラニアの追跡』の物語はワーグナーのオペラ『トリスタンとイゾルデ』の原型とされているが、話の展開には数種類のものがある。またケルトの神話に登場するニューグレンジの中には、アイルランド最大の英雄ク・ホリンが生まれた場所として描かれているものもある。

　羨道墳であるニューグレンジは通路（約 19 メートル）を兼ね備えた「墓地」で、幅 80 メートル、高さ 13 メートルである。また、そこは宗

18. ニューグレンジ（ブルー・ナ・ボーニャ）

教儀式などが執り行われた古代の「寺院」だったのではないかとも考えられている。

ニューグレンジは年に一度、冬至の日に入口にあるルーフボックスと呼ばれる上層開口部から朝の太陽の光を取り込んで、それが一直線に通路を横切って中央部の狭い石室の床まで届くように造られている。この「光のショー」は現在は日の出の時刻からおよそ4分後の午前9時頃から始まり、17分間ほど続く。これが造られた5千年前の頃には、日の出のまさにその瞬間に光が射し込んでいたらしい。当時の人の高度な天文学や建築学の知識には圧倒される。

中央部は巨大な石の柱で組み立てられていて、墓室と考えられていた場所の壁や天井は石版が巧みに雨を外に流すように重ねられ、仕切りの部分には動物の油脂のようなものが接着剤として使用されていて、いままで雨が漏ったことはただの一度もないとのことである。

冬至の日の夜明けにはニューグレンジに毎年数多くの人が集まるが、ニューグレンジの中に収容できるのは空洞が狭いために限られた人数である。希望者が多く殺到するので、ボイン渓谷・ビジターセンターかネットで前もって申し込んでおかねばならない。秋に行われる抽選で50人が選ばれ、その選ばれた人はお供をひとり連れて行くことが許されている。合計100人である。

「日の出の瞬間に射し込む光」ということにこだわらなければ、現代の我々は、照射時間は短くなるが、12月21日だけではなく19日から23日までこの不可思議なショーを体験できるとのことである。このラッキーな人だけが、実際に冬至の頃の5日間に振り分けられて、毎日20人ずつが太古の「光の宗教儀式」を実体験できることになっている。

ところが、冬のアイルランドのことである。太陽が厚い雲に隠れて光が射さないことも多い。しかし、どんな天候であれ太古のケルト人達がしたように、真っ暗な洞窟の中で息を凝らして、最も長い夜からの夜明けを待つのはいかにも神秘的である。

89

冬至の日に来れない旅行者の数は選ばれた 100 人の数千倍なので、現在、中央の石室で「冬至の光のショー」が演出され、これがニューグレンジ観光の目玉になっている。ガイドが観光客を祠の端に寄せ、巧みな話術で観光客を冬至の朝の気分にしたところで、石室内の照明があたかも冬至の夜を再現するかのように消されて、あたりは真っ暗闇になる。しばらくすると、冬至の「日の出」の太陽の光を模したトーチが祠の中央部に光の線を描き、石の廊下にそれがどんどん伸びてきて、石室の床にまで届くという趣向になっている。観光客は、これで 5 千年前の神秘的な宗教儀式にあたかも参列しているような気分を味わうことができる。

　このニューグレンジも、トロイの遺跡のように、数千年の間、土に埋もれてその存在も忘れ去られ、民話や神話の世界に登場する「架空のもの」であった。しかし、17 世紀になって、古物研究家によって先史時代の記念物が研究対象となり、引き続き考古学者によって研究が進められ、1970 年代になって初めて全貌を現したのである。

　ニューグレンジはヨーロッパの巨石文化の遺産の最も重要なもののひとつである。これらの石の多くは、ニューグレンジの北東 20 キロのところにあるラウス州の海岸クロガーヘッドから運ばれたものであるが、装飾用の白い珪岩ははるか 70 キロも南に位置するウィックロウ州から取り出されたものである。最初は船の底にくくりつけて海路を運び、海からボイン川に入り、地上に揚げてからは丸太を並べ、それらの上に巨石を載せて引っ張り、丸太を転がすことで少しずつ運んだものと考えられている。

　ニューグレンジの周辺の大きな石には、渦巻き状の模様が刻まれている。特に、ニューグレンジの入口の前面にはその文様がとてもはっきりと見える 5 トンの重さの石器時代の巨石がある。その石をよく見ると中央部に縦の線が引かれている。その線の位置が冬至に光が射す位置となっていて、その左には左巻きの螺旋模様が 3 つ、右側には右巻きの螺旋模様が 3 つと縦の線を軸に左右対称になっている。

90

18. ニューグレンジ（ブルー・ナ・ボーニャ）

ニューグレンジの正面

　この模様がいったい何を意味しているのかムロウ氏には疑問が湧いてくる。ただの装飾かもしれない。宗教的な意味合いがあるのかもしれない。ニューグレンジを囲む３つの丘陵地の図柄なのかもしれない。

ジョシュア　　ほら、見て、見て。冬至の光が射すスポットの縦線を中心にして、左側からは３つの渦がだんだん小さくなって中心に集束するような図柄があって、縦線の右側には小さな渦の中心からそれがだんだん大きな渦になっているわ。
ムロウ氏　　短くなってきた日照時間が冬至を境にどんどん長くなるというイメージだって言うんだね。
ジョシュア　　そう。きっと、そうよ。

　ムロウ氏は腕組みをして、静かに語る。

ムロウ氏　　ケルト文化の太陽神を崇拝する民族意識を描いたものかもしれない。
ジョシュア　　民族意識を描くって？

91

ムロウ氏　　冬至の日の太陽を取り込み、それを囲い込み、その光の種
　　　　　　をあたかも火種のように考えて、火を大きく起こしていく
　　　　　　ように、光を大きく育てて、種まきから、豊作までを祈っ
　　　　　　たのかもしれない。
ジョシュア　それって、民族意識？ 風俗、習慣じゃない？
ムロウ氏　　風俗や習慣の根源にある人々の意識だよ。

　ニューグレンジを訪問する際には注意が必要である。乗鞍岳や上高地
と同じ要領でバスに乗り換えないとだめで、勝手気ままに行くことはで
きない。一旦、ボイン川の南岸にあるモダンなビルのビジターセンター
に行き、そこでミニバスに乗り換えて、ガイド付きのツアーに参加する
ことになる。
　思慮の足りないムロウ氏はこれを知らず、ニューグレンジの巨石に描
かれた渦巻きに飲み込まれたかのようにカーナビの指示に従って、グル
グルと何度も車でニューグレンジの周りを周回し、ニューグレンジのそ
ばのミニバス停車場に迷い込んでしまい、係員に退散を余儀なくされて
しまったという苦い経験がある。これから行かれる方は、そんなドジな
ことなどされないことを願うムロウ氏である。
　ここから北に向かってすぐ近くに、同じような遺跡、ナースとダース
がある。ナースへ行くにも、ビジターセンターから出発するガイド付き
ツアーに参加するしかない。ここはひとつの大きな塚とその周囲にある
17個の小さな墳墓から構成される。大きな塚は約1ヘクタールほどの
面積で、2つの羨道が東西の線に沿って存在し、127個の縁石で囲まれ
ている。ナースから見つかった彫刻（渦巻、菱形、蛇状、三日月形）を
施した巨石の数は、西ヨーロッパ全体で見つかっている総数の1/3以上
にもなる。なぜか、そのうちの多くのものは石の表側ではなく、裏側に
彫刻が施されている。ナースではニューグレンジのように石室に入るこ
とはできない。観光客は東の羨道だけは見ることができ、その先の石室

92

18. ニューグレンジ（ブルー・ナ・ボーニャ）

に関しては、そのレプリカだけを見ることができる。

　ダースに行くのは制限されていないが、ダースの小さなほうの墓室への アクセスには手続きが必要である。ここでは、入口や羨道、石室の壁の石にはカップ模様や渦巻き、山形、菱形、丸に放射状の線が入った花、または日輪のような模様などが描かれている。

　ニューグレンジとダースは冬至の太陽に対応し、ナースは春分の太陽に対応している。

　ついでながら、映画好きの人なら是非訪れたらいいと思われるところが近くにある。ニューグレンジから西南に 30 分ほど車で走ると美しいボイン川の上流が見えてくる。さらにブリッジ・ストリートを車で走るとここに狭い石造りの橋がある。これはアイルランドでは最も古い橋である。これを北から南に渡ると、ボイン川を臨む丘に 12 世紀、ヘンリー II 世が建てたトリム城に着く。メル・ギブソンが監督で、スコットランドの英雄ウィリアム・ウォレス役で主演もしたハリウッド映画『ブレイブハート』（Braveheart, 1995）のロケ地になった城である。

93

19
ジャイアンツ・コーズウェイ（Giant's Causeway）

　UK（United Kingdom）というのは連合王国のことで、本国ブリテン島のイングランド、スコットランド、ウエールズに加えて、隣のアイルランド島の北東部である北アイルランドを含んでいる。この北アイルランド6州の中でも、最も北東部に位置するアントリム州の海岸線が1キロほど海に張り出した地点に、世界遺産に認定されているジャイアンツ・コーズウェイがある。

　この地の特徴は、地面が六角形の石で敷き詰められていて、ある地点では六角柱の石が林立し、海と空を背景に不思議な景観をつくり出している。大昔、ここに地殻変動が起こり、噴き出したマグマが溶岩大地を形成した。後に氷河期を経て、凍りつくほどの冷たく荒れた海水によって岩肌が見事に削られ、地肌が現出したのが現在の姿である。

ジャイアンツ・コーズウェイ

94

19. ジャイアンツ・コーズウェイ

　ジャイアンツ（Giant's）は「巨人の」、コーズウェイ（Causeway）というのは「湿地や浅い海に盛り土をして造成した道路」という意味である。どうしてこのような名前がつけられたのかを知るには伝説を紐解くしかない。

　ジャイアンツ・コーズウェイにまつわる伝説には諸説があって、アイルランドの英雄のフィン・マックニールがスコットランドの北東沖のヘブリディーズ諸島に住んでいた女性に恋をして、彼女がアイルランドに渡って来れるように造ったというものがある。

　また、興味深い伝説には、スコットランドの巨人ベナンドナーとアイルランドの巨人のフィン・マックニールとの決闘の話がある。ベナンドナーはスコットランドからアイルランドへ渡るために、次々と海中に柱を投げ入れて道を造り、それが完成間近になった。完成すると、当然のことながらベナンドナーが闘いを挑んでくる。巨人ベナンドナーはフィンよりはるかに大きな男である。普通に闘ってはフィンにはとうてい勝ち目がない。そこでフィンの妻ウーナが素晴らしい計略を思いつき、フィンに彼自身のサイズのゆりかごを作らせ、ウーナはフィンのサイズのベビー服を作るのである。

　とうとう道が完成し、ベナンドナーがマックニールの家に決闘を申し込みにやってきたときに、ウーナは「夫のフィンは木を切り出しに森に行って留守だ」と言う。その際にベビー服に身をやつしたフィンを見せるのである。ウーナの計略は功を奏し、ベナンドナーは赤ん坊を見て、赤ん坊でさえこんなに大きいのであれば、さぞかしフィン・マックニールは想像を絶する巨大な男に違いないと、怖気（おじけ）づいて退散したというのである。一休さんがやりそうな手である。

　ベナンドナーは退散する際に、六角形の石柱で作った道伝いに逃げ、フィンが後を追いかけてこれないようにと、道を壊しながら走り去ったというのである。こういうわけで、石柱群がわずかに残っているのは、走って逃げるのが先決で、慌てふためいて石柱を壊す心のゆとりがな

かったベナンドナーは、アイルランドの海岸線の箇所だけ残してしまったというのである。

　また、ウーナが六角柱の岩をステーキに見えるように色をつけて、ベナンドナーに提供したが、固すぎてとても歯が立たない。赤ん坊の衣服を着せたフィンには岩に見せかけて実は本物のステーキを与え、ベナンドナーを驚かせて退散させたという伝説もある。

　ここでも、アイルランド女性の気転と知恵が称えられている。

ジャイアンツ・コーズウェイの石柱

　ムロウ氏が冬のアイルランドを最初に訪れたのはクリスマス・イブの日で、その前日の12月23日は珍しく雪が降っていたらしく、北の海から吹きつける風が肌を突き刺す寒さであった。ジャイアンツ・コーズウェイを訪れたのはクリスマスの翌日だったので、観光客はほとんど皆無。ビジターセンターから出ているバスの乗客もたったの4人。ムロウ氏とジョシュアと西洋人の夫婦1組。バスは海を左手に見ながら急勾配の坂を下りていくと、奇妙な形をした岩柱を通過した所で客を降ろした。冬のノース海峡を通る海水は岩にぶち当たり、白い泡を吹き上げている。

その泡は低く垂れ込めた灰色の雲に吸収されて、暗く澱んだ空の色になる。

ジョシュア　寒いわね。見て、あそこ。波が泡になって飛んでるわ。

ムロウ氏　　北斎の波の絵のようだね。あれは、絵だけのことかと思ってたけど、ホントにあるんだ。

ジョシュア　北斎の波の絵の中に、晩年に描いたもので、波が小鳥に変身するものもあるでしょう。

ムロウ氏　　すごい発想だね。

ジョシュア　波が飛び散って、大空に小鳥のように飛び上がっていくのよ。

ムロウ氏　　それにしても、ここは寒いね。さすが、北極からの風は冷たい。

ジョシュア　アイルランドって、メキシコ湾からの潮の流れが来てるんじゃないの？

ムロウ氏　　いくら流れが来ていても北風はそれより冷たいよ。だから、霧が発生するんだ。

ジョシュア　でも、こんなに風が強かったら、霧もどこかに飛ばされていくわね。

ムロウ氏　　軽い君も飛ばされそうだ。

　　その瞬間にムロウ氏の帽子が風に飛ばされ、走って帽子を追いかける。

ジョシュア　人のことをバカにしてそんなことを言うから、天罰よ。

　　数年後の夏にまたジャイアンツ・コーズウェイにやってきた。季節はいい、天気もいいが、なんと観光客の多いこと。これでは興ざめである。石柱の上は「ベナンドナーの赤ん坊」（大柄な西洋人）で人だかりである。
　　この近辺の中心都市ポートラッシュからジャイアンツ・コーズウェイ

までは、東に向かって車で15分ほどだ。その途中にダンルース城がある。コーズウェイからさらに東へ15分ほど車で走ると、キャリック・ア・リード縄橋（Carrick-A-Rede Rope Bridge）がある。群がる観光客に紛れての再訪となったジャイアンツ・コーズウェイから早々に退避して来たものの、ここも橋の前での行列となった。

ムロウ氏　　端を歩くな。橋を走るな。箸をなめるな。恥を知れ。
ジョシュア　なにを独りごと言ってるの？
ムロウ氏　　いっきゅう品のギャグを考えていただけ。
ジョシュア　それが、ギャグなの？

　十津川の谷瀬の吊橋（297メートル）のスケールを知っている人なら、唖然とするほど小規模な橋だ。わずか20メートルの長さであるが、実感としてはそれ以下に感じられる。夏の観光シーズンで行列をなして渡ったせいかもしれない。橋が狭すぎて、短かすぎて、真ん中を渡ろうと端を渡ろうと、一休みもできない。有名人の葬儀の列のように数珠繋ぎである。

キャリック・ア・リード縄橋

19. ジャイアンツ・コーズウェイ

　橋を渡って到着したところは小っぽけな島というか、断崖の上に出る
だけで、どこにも行くところはない。そこから脱出したければ、青く透
き通った海にダイビングするか、また並んで橋を渡って戻るという二者
択一しかない。変わり者のムロウ氏でもダイビングする勇気はない。当
然、みんなと同じ橋をまた渡って戻ることになる。虚しい体験である。
子供から大人になり老化してまた子供に戻る、人の人生を象徴している
とも言える。
　夜に月が出ている渡月橋を渡るほうが酔狂だ。こんな橋の何が珍しい
のか分からない。嵐山にわざわざ猿を見に来る白人の気持も分からない
が、半時間も並んで待って渡るほどの価値など何もないと思うムロウ氏
である。ジョシュアがつぶやいた。
「いったい、何のために作られた橋なのかしら・・・」
　ムロウ氏はそれに答えず、ひとり考えた。とっさに頭に浮かんだ３つ
の選択肢の答は次のようなものだった。入試問題なんぞを作っていた後
遺症か、すぐに正答の他に誤答の選択肢を考えてしまう。

1. 丹羽富成氏の芸名が大川橋蔵になったのと同じ理由。
2. 日本の田舎にほとんど車の走らない新しい道路を作った人と同じ
   発想によるもの。
3. 漁師がクレーンでその小島からボートを海に下ろして鮭を取りに
   行く際に、島に渡るには、どうしても橋が必要だったから。

20
デリー、北アイルランド（Derry, Northern Ireland）

　アイルランドではアルスター地方の9州のうち、現在、北アイルランドと呼ばれる6州も、イギリスではなくアイルランドに帰属すべきだとして、長年イギリスからの入植者とカトリックの従来の住民とは敵対関係にあり紛争が続いていた。こうした中で北アイルランドのデリーはベルファストと共に長年その紛争の中心地であった。

　デリーという地名は、もともと「ナラ／カシの森」の意味だが、現在も北アイルランドではロンドンデリーとされていることからしても、その地の抑圧された状況が読み取れる。これはアメリカ人に京都をWashingtonkyoto とか、イギリス人になら Londonkyoto と勝手に名づけられたようなものだ。京都人なら、京都を荒廃の地にした応仁の乱の再発は避け、「あんさん、えろうならはりましたなあ」とはんなりと相手をなじるに違いない。（こんなことを言っても何ら状況に変わりはないだろうが・・・。）

　ジョシュアはなぜかここをニューデリーと呼ぶ。確かにプロテスタントには New デリーだから、それで歴史的には間違ってはいない。Old デリーのカトリックの人達からしたら、冒涜行為ではあるが・・・。（インド人ならビックリ?!）

　17世紀以来の英国からの入植者であるプロテスタントが北部6州の地方権力を独占し、選挙制度もあるにはあるが、ひどいゲルマンダリング（Gerrymandering）制にして多数派のカトリックの人々を支配していた。ほとんど人種差別のような住宅や就職差別もあり、カトリックの人達から見れば、横暴で、独裁で、決して容認できる政治、社会体制ではなかった。

20. デリー、北アイルランド

（図表）

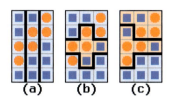

　ある地域の住民数は15名だとする。○党＝プロテスタントの政党で支持選挙民6人、■党＝カトリックの政党で、支持選挙民9人。区割りは3選挙区。
- （a）なら、カトリックが全選挙区で当選
- （b）なら、カトリックが2選挙区で当選、プロテスタントは1選挙区のみ
- （c）なら、プロテスタントが2選挙区で当選、カトリックは1選挙区のみ

　北アイルランドの各地で（c）制度だったのである。カトリックが住民の多数なのに、少数派のプロテスタントが勝利するような構図になっていた。これではカトリックの人達が怒るのは当たり前である。

タイタニック博物館

101

ベルファストは現代的なビルで溢れ、タイタニック博物館が観光の名所になっているが、デリーは今も古い町並みを残している。

　特に、17世紀の初めにプロテスタントの人々によって造られた城壁は高さ8メートルで、幅がなんと9メートル、城壁は全長1.5キロにも及ぶ堅固なもので、アイルランドでは原形を保っている唯一の城壁である。城壁内の最北端にタワー博物館（Tower Museum）がある。ここには、タイタニック号関連のものではないが、海底に長く沈んでいたものが展示されている。それは、スペイン無敵艦隊が1588年にイギリスに総攻撃をかけた16世紀末の物である。

　日本で言うならば、元寇の役（1274年の文永の役［軍船900艘］、1281年の弘安の役［世界史上最大の数［4400艘］の大軍）という蒙古襲来の危機を「神風？」（御家人の活躍という史実をないがしろにしてはならない）によって日本は無事に日本であり続けられたように、スペインの艦隊（軍艦28隻、武装商船102隻）が英仏海峡に入った時にひどい嵐が起こり、無敵艦隊は大損害を受け、壊滅し、イギリスは戦勝した。

　このときにドニゴール沖まで流されて沈没した船が1971年にデリーのダイバー・クラブの人に発見され、回収された物の中にフェリペⅡ世の紋章が入った武器などもあり、それが陳列されているのだ。もちろん、博物館の展示品はこれだけではない。聖コラムキルが6世紀にデリーに修道院を創ってからの歴史を、コンピュータを駆使してビジュアルに見せてくれる。

　城壁内の旧市街と、城壁から見える街並みの広がりは穏やかで美しい。この穏やかさとは対照的に、この町は血塗られた場所として世界的に知られている。ここでは20世紀に入っても、英国への帰属に固執したプロテスタントの人々（イギリス人）とカトリックの人々（アイルランド人）との間で激しい武力闘争が繰り返された。

102

20. デリー、北アイルランド

デリーの分厚い城壁

　城壁には最初に造られた４つの門の他に３つが付け加えられて、今は７つの門があり、城外と城内をこの門を通る道が繋ぎ、「The Diamond」と呼ばれる城壁内の中心にある広場がそれを結んでいる。その門のひとつであるキャッスル・ゲートを出てまっすぐハイ・ストリートに入り、道沿いをさらに進み、ロスヴィル・ストリートを進んでいくと右手がボグサイド（Bogside）地区だ。

　ここはデリーの貧困地区で、市民権運動や独立運動の拠点ともなっていた。ここにはカトリックの人達がイギリスの軍隊から受けた暴虐の悲劇を暗示する壁画が描かれている。この場所は、「人民の美術館」（The People's Gallery）と呼ばれていて、現在は多くの観光客が訪れている。

壁画のひとつ

　「平和の壁画」(Peace Mural) と呼ばれている絵は、デリーをつくった聖コラムキルの象徴でもある鳩が、「血と悲しみの過去から平和な未来へ」飛び立つ光景が描かれている。

　1972年1月、この地区のロスヴィル・ストリートで行われていた北アイルランド公民権協会のデモに英国軍の落下傘部隊の兵士が発砲し、14名の市民が死亡するという「Bloody Sunday」と呼ばれる血の日曜日事件が起こった。銃撃で犠牲になった人々を祀る「血の日曜日記念碑」(The Bloody Sunday Memorial) が立っている。

「血の日曜日」の看板

20. デリー、北アイルランド

血の日曜日記念碑

　ムロウ氏は広島市の市長が戦没者の慰霊碑に黙祷するかのように、その碑に書かれた人達の名前を読み、手を合わせて祈った。すぐそばには、「自由のデリー博物館」(Museum of Free Derry) がある。

　1970年代に入り、IRAのテロ活動なども激しくなり、それがロンドンにまで波及することになった。暫定派IRAのイギリス本土への報復攻撃である。そんなこととはつゆ知らず、クリスマス直前に留学のためにロンドンに入ったムロウ氏は「クリスマス・キャンペーン」（注意：安売りセールの宣伝ではない）と名づけられた宣戦布告で、あちらこちらで炸裂する爆弾テロのニュースをテレビで見て、恐怖を感じながらのロンドン生活のスタートとなったのである。当時は、イギリス人にと同様にムロウ氏にもアイルランド人というと、憎きテロリスト集団であった。

　どうして、いつのまにかムロウ氏がアイルランド人の「味方」に豹変したのかというと、世界史の知識として知っていた帝国主義的イギリスという国の上に、知り合ったイギリス人の独善的な態度、そして、被征服者であるアイルランド人の優しさに直接触れるようになったからである。

　この「自由のデリー博物館」では市民が銃撃されたときの様子が白黒

の映像で流されている。ムロウ氏がトイレから出てくると、その画面に触発されてジョシュアは震えていた。

ジョシュア　　いま、あの撃たれて頭から血を流している人が、あなたに見えたのよ。

　ムロウ氏は落ち着いたものである。

ムロウ氏　　ふーん。それで、僕は死んだの？
ジョシュア　死んだかどうかは分からないけど、ひどい重症なの。
ムロウ氏　　それで、僕は救急車かなんかで病院に運ばれた？
ジョシュア　そんなことより、気をつけてね。
ムロウ氏　　どう気をつけたらいいのか分からないけど、昔、ロンドンではそうならないように努力してた。
ジョシュア　どういうこと？
ムロウ氏　　イギリスの軍隊が、いま映っているあの映像のようなことをしたことに対して、アイルランドのIRAっていう組織が報復のために、みんなが祝うクリスマスの頃に主にロンドンをターゲットにして、あちらこちらに時限爆弾を仕掛けたんだ。それも僕がロンドンに住みだした頃からだよ。
ジョシュア　運が悪かったのね。
ムロウ氏　　まだ生きてるから運は悪くはなかったけど、テレビのニュースなんか見ていたら、どこへ行くのも安心できなかった。
ジョシュア　どこに時限爆弾が仕掛けられていたの？
ムロウ氏　　人の集まるところだよ。駅構内、公園、目抜き通り。
ジョシュア　散歩にも買い物にも出かけられないわね。
ムロウ氏　　一般市民がターゲットだから、ドレスデンのダムを破壊して市民を水で殺したイギリスとか、広島や長崎のなんの罪

もない人々を原爆で皆殺しにしたアメリカと同じ。

ジョシュア　それって、なんの予告もなく爆発するの？

ムロウ氏　予告はあるときもあるし、ないときもある。時限爆弾の予告でよく劇場なんかで大騒ぎになっていたけど、僕が経験した中ではミュージカルの『ミカド』を観ていたときに突然幕が下りてきて、「爆破予告がありましたので、皆様、すみやかに退場をお願いします」ってアナウンスが流れたことがある。

ジョシュア　それで、どうなったの？

ムロウ氏　警察が来て、劇場内を捜索して、爆弾がないのが確認されてから公演の再開となった。30分ぐらいだったけど、寒空の下で待たされたのは堪えた。

ジョシュア　警察の人も大変ね。爆発したら死んじゃうじゃない。

ムロウ氏　たしかに。重装備をしていても大きな爆弾だったら命はないね。

ジョシュア　怖い思いをしたのはそれだけだったの？

ムロウ氏　公衆電話ボックスや駅のコインロッカー、道路わきのゴミ箱の中。ロンドンの至るところで1日に十何箇所の爆発や数限りない爆破予告があったときには、さすがにどこにも出かけられなかったよ。

ジョシュア　でも、実際に危険な目には遭ってないんでしょう。

ムロウ氏　遭ってないのか、遭ったのか、よく分からないけど、劇場からの帰りに歩いていた道にあったゴミ箱。爆破されたのは僕がそこを歩いた5分ほど後だとテレビ・ニュースで知ったとき。ハロッズと並ぶ大きなデパート、セルフリッジズの正面玄関があるロンドンの目抜き通りのオックスフォード・ストリートで1983年のクリスマスの1週間ほど前に爆弾が炸裂した際には、たまたまその通りを歩いて

いて、激しい爆音を聞いた直後に生暖かい爆風を受けたことがあった。

ジョシュア　大丈夫たったの？

ムロウ氏　300メートルほど離れていたから大丈夫だったけど、すごいショックだった。

　思い出話はこれぐらいにして、「自由のデリー博物館」であるが、ボグサイドと呼ばれる地域のこのみすぼらしい掘っ立て小屋博物館のトイレはヒドイものだった。水は流れない。トイレは汚物の上にトイレット・ペーパーが重ねられているだけなのだ。Bog は英語でトイレという意味だ。日本語では「ボククサイド」のダジャレにもなるとムロウ氏は微笑む。

　トイレから出てきたジョシュアは困惑顔である。状況は分かっている。ムロウ氏は受付の男性に、「トイレが流れないから・・・」と言ったら、「そんなことは分かっている。流れたためしはない」という風にチャーミングにウインクされて、「あとでボクが始末しておくから」と言われ、笑顔で博物館を後にした。

　デリーの人達は、"Warm, Witty, Welcoming" と WC ではなく、W3 で有名だ。「心が温かく、ユーモアのセンスがあり、歓迎してくれる」のである。

　車を止めていたフォイル川沿いにある駐車場に戻る際に、ボグサイド地区にある家の門の上に立ちアイルランド国旗を2本高々と掲げようとしていた青年が門から飛び降りてきて、ムロウ氏の前につかつかと歩み出て、"Thanks for coming" と声をかけ、握手を求めてきた。ムロウ氏はとっさのことで、英語でなんと言っていいのか分からず、ただ "Thanks" と握手をしてそこを後にした。あちらこちらと旅するムロウ氏であるが、見ず知らずの人に「来てくれてありがとう」と握手されたのは後にも先にもこのたった一度っきりである。好青年だった。

20. デリー、北アイルランド

アイルランド国旗を掲げるカトリックの青年

　デリーに住むカトリックの人々の苦境を理解している人物だと思ったのかもしれない。ただの観光客だと思ったのかもしれない。どちらにしても、ムロウ氏のデリーの印象はグンと上がったことだけは確かである。
　その頃はまだアイルランドの紛争についてはまだそれほど理解していなかったが、このことをきっかけにして、今ではかなり北アイルランドのカトリックの人達の気持が分かるようになってきてはいる。(でも、書物を通して分かるというのでは、まだ何も分かったことにはならないと思うムロウ氏ではある。)

　綾小路きみまろさんの「あれから40年」のように、イースターのグッドフライデー (聖金曜日) に調印されたグッドフライデー合意 (Good Friday Agreement) を経て、今は南北アイルランドの国境はあってなきが如しとなり、自由に行き来もでき、市民は平穏な生活を送ることができ

109

るようになっている。

　ただ、プロテスタントのオレンジ党員が今でも、ボグサイド地区を年に一度、胸章にオレンジ色のリボンをつけて、カトリックの人々の前をこれみよがしに行進するのが嘆かわしい。彼らは、オレンジ公ウィリアムが義父のジェームズⅡ世にアイルランドで勝利し、イギリスがプロテスタントの国になり、北アイルランドでもプロテスタントの優位が確保されたことを祝ったのである。それが今でも続いている。

　イギリスではこの革命を「無血革命」（イギリス国内では「無血」であっても、アイルランドでは「流血」革命であった。ボイン川の戦いで多くの血が流れた）と呼ぶ。これによりイギリスではプロテスタントである国教会が国の宗教と正式に決まり、それ以後、現在に至るまでカトリック教徒の受難の時代が続いている。ちなみに、カトリックであれば、イギリスの国王にはなれないし、国王の結婚相手にもなれない。

21

アイルランド文学者など（Irish Literary Figures, etc.）

　現代に繋がる 20 世紀のアイルランド文学者を、本書に頻繁に出てくる W. B. イェイツにはできるだけ触れないで紹介する。

　ダブリンから車でスライゴに行くのに、主に 2 つの道がある。ひとつは、南アイルランドのエールの国だけを通る道。もうひとつは、北アイルランド 6 州のうちのひとつ、ファーマーナ州の主要都市エニスキレンを通過する道である。こちらのほうは半時間ほど余計に時間はかかるが、ダブリンからアイルランドの都市に行くのに、その途中でイギリスの町に立ち寄るのは興味深い。エニスキレン近くに来ると急に建物が立派な石造りのものになる。

　アイルランドでは、レンガ造りの家にそれぞれがその壁に勝手気ままにカラフルな色のペンキを塗っていて、その統一のなさがなぜかアイルランド的な「美しさ？」を形成しているが、カトリックの人々とプロテスタントの人々の経済的な格差の歴史をひしひしと感じる場所だ。

　「ケルティック・タイガー」と呼ばれた 1990 年代のアイルランドのバブル経済の時に儲けた人々は、裕福なプロテスタントの人々にも負けないほどの広大な敷地の別荘を郊外に持つようになってはいるが、一般的なカトリックの人々はまだ質素な暮らしぶりである。

　ちょうどランチタイムになったので、ムロウ氏はパブに入って食事を注文しようとすると、なぜか注文するのは店の奥だと案内された。ついていくと、それは別の食堂であった。スコットランド系の英語にはめっぽう弱いムロウ氏は、相手がスコットランド系移民でそこにアイルランド訛りが入るともうお手上げである。こういう場面では、英語がちっとも分からないジョシュアの勝ちである。彼女は勘で相手の言っているこ

111

とが分かる。「霊感的語感力」とでも言ったらいいのか、とにかく怪しげな霊媒師のような語学力なのである。相手の言っている意味が分かり、「パブは閉店しているから隣の食堂で食べたらいい」と翻訳してくれる。

食事を終えて支払いになると、南アイルランドのユーロと違い、ポンドでの支払いとなる。

ここエニスキレンにはオスカー・ワイルド（1854〜1900）やサミュエル・ベケット（1906〜1989）が通ったポートラ王立学校がある。16世紀に建てられたエニスキレン城のすぐそばである。

英文学が専門のムロウ氏は、アングロ・アイリッシュと呼ばれる作家たち、即ち、アイルランド人だが英語で作品を書く人達の作品に魅せられている。（アイルランド語は読めないからしかたがない。）

アイルランドの文学者のことを知りたければもちろんのこと、ただダブリンを観光するだけにしても、トリニティー・カレッジは地理的にも経済的にも好都合だ。

まずは、トリニティー・カレッジの南門を出で、ナッソー・ストリートを南東に下っていくと公園に出る。このあたりはオスカー・ワイルド、W. B. イェイツ、ジョージ・ラッセルなどアイルランドの文学者が住んでいたところだ。その1番地を前にして、オスカー・ワイルドの派手な像がある。

オスカー・ワイルド像

北に向かえば、ダブリン作家博物館（Dublin Writers Museum）がある。

ダブリン作家博物館

　トリニティー・カレッジを出て、オコネル橋を渡り、オコネル通りをまっすぐ歩いて 15 分ほどの距離だ。その途中、少し右手に目を向ければ、ジェイムズ・ジョイスの像がある。いつも観光客がジョイスとツーショットで写真を撮っている。

ジェイムズ・ジョイス像

先を急げば、アイルランドではアビー劇場と共に有名なゲート劇場（The Gate Theatre）が左手に現れる。

　博物館に入れば、アイルランドの4人のノーベル文学賞作家、バーナード・ショー（1856-1950）、W. B. イェイツ（1865-1939）、サミュエル・ベケット（1906-1989）、シェイマス・ヒーニー（1939-2013）の他に、ジョナサン・スウィフト（1667-1745）、ジェイムズ・ジョイス（1882-1941）、オスカー・ワイルド（1854-1900）、ショーン・オケイシー（1880-1964）、そしてラフカディオ・ハーン／小泉八雲（1850-1904）といったダブリンにゆかりのある文学者などが紹介されている。

　この博物館の1階には、Chapter One（第1章）という有名なレストランがある。

　バーナード・ショーは現在の日本の若者には、「それ、いったい誰？」と、残念ながら名前が忘れられているというか、最初から覚えもされていない。ムロウ氏の年代なら、オードリー・ヘップバーンが演じた『マイ・フェア・レディー』（My Fair Lady, 1964）の原作『ピグマリオン』（*Pygmalion*）の作者であることは知られていないとしても、映画はほとんどの人が見ているだろうし、バーナード・ショーの話は高校や大学のテキストにはよく使われていたものだ。もしも、若かりし頃にショーの作品に感銘を受けて、彼の生家を訪問する気があるのなら、トリニティー・カレッジから南に向かい、セント・スティーブンス・グリーンという大きな公園を左手に見て、さらに南に歩けば20分ほどでシング・ストリートに出る。場所はすぐに分かるのだが、日本で忘れられて「しまった」ように、アイルランドでも忘れかけられているようで、バーナード・ショーの生家は今は閉鎖されて「しまっている」。

　残念なことだ。ロンドンの夏目漱石記念館も閉じられてしまったが、これと同じ運命をたどることがないことを願うムロウ氏である。

　ジェイムズ・ジョイスの博物館は、トリニティー・カレッジから歩くと3時間近くかかるが、車でならダブリン海に沿って30分ほど南下し、

21. アイルランド文学者など

サンディコウブに着けば、Joyce Tower and Museum と呼ばれる円筒型の城塞にたどり着ける。

ジョイスのタワー（自宅）

夏ならそこに子供連れの海水浴客が大勢来ていて、道路にびっしりと路駐をしているので、駐車スペースを見つけるのが面倒なのだが、行ってみる価値はある。日本語に翻訳されたジョイスの本も棚に飾られている。

ジェイムズ・ジョイスの部屋

話をダブリン作家博物館の隣に移す。
作家博物館の西隣には、マネ、モネ、ルノアール、ドガなどのフラン

ス印象派の画家の絵だけでなく、フランス・ベーコンのアトリエがあるヒュー・レイン市立美術館がある。このゴミ屋敷のようなアトリエは、ムロウ氏のように本や書類や訳の分からないものが、部屋の中に散乱していると落ち着くという人には必見の価値がある。このアトリエを見れば、家族に何と言われようと、そこは死守すべき「我城」であることが再認識できる。ただし、その不潔さのためにいかがわしい病気にかかり死を早める覚悟の上でのことだが・・・。

　絵画は「万国共通語」で描かれ、翻訳という作業を通さず、直接に訴えかけることができる。ところが、文学は言葉で表現される。読もうとする本の言語を理解していないと、その国の文学は真に理解しえない。翻訳というパイプを通すと、極度に「味、品質」が落ちる。イプセンならノルウェー語、シラーならドイツ語、アヌイやイヨネスコならフランス語が分からないと本当に分かったとは言えない。日本語に訳されたシェイクスピアの劇は「詩（劇）」だから、翻訳するとレントゲンで人体を見るようになってしまい、骨だけで肉体のない体、即ち、「骸骨」になる。

　ムロウ氏は「文化」の優越性ではなく、軍事力、経済力でのし上がっただけなのに、文化面でもデカイ面をする英国人→米国人に、精神的な一撃を加えたく思っているが、それには卓越した英語力が必要だ。だから、それができなくて歯がゆい思いをしている。

　20世紀の後半から21世紀の現在に至って活躍した作家と言えば、詩人のシェイマス・ヒーニー氏や劇作家のブライアン・フリール氏が挙げられる。ヒーニー氏は、生前イェイツ・サマー・スクールで何度も彼自身の詩の朗読をしてくれたし、ムロウ氏が勇気を出して、写真撮影を頼んでも快く応じてくれた。

21. アイルランド文学者など

詩人シェイマス・ヒーニー氏

　ブライアン・フリール（1929～2015）の International Summer Festival は、生前、夏にデリーやグレンティーズなどで行われていた。

グレンティーズのパブ

117

22

アラン島（Aran Islands）

　アイルランドの西海岸ゴールウェイの河口のはるか先に並列して３つの島が浮かんでいる。人気の観光スポット、アラン島である。西の端にある一番大きな島がイニシュモアだ。最大と言ってもその細長い島の面積は31k㎡で、中央にはイニシュマン（9k㎡）、東の端に位置するのがイニシア（8k㎡）である。

　イニシュというのはアイルランド語で「島」という意味で、それぞれは「モア（Big）島、マン（Middle）島、シア（East）島」のことである。（これを覚えれば、アイルランド語の単語を４つ制覇したことになる。）

　ゴールウェイから西に車で50分ほど走って、ロサヴィールの港に着き、そこから南へ船でイニシュモアやイニシュマン島まで40分、モハーの断崖のあるクレア州のドゥーリンからはイニシア島へ西に30分ほどの距離だ。

　ムロウ氏は３度にわたり、夏にひとつひとつ島を訪れた。１度目はスライゴで親しくなったパトリシャとである。スライゴからは彼女の車で行くのだが、運転はムロウ氏がするという条件である。「運転はするが必ずその期間は保険に入っておいて」とムロウ氏は懇願した。保険を掛けずに運転するのは、日本であろうがアイルランドであろうが不安である。

　まず、ゴールウェイまでは２時間だ。ゴールウェイ郊外のパトリシャのお姉さんの家を訪問し、市内にある彼女の妹が所有する空きマンションにシーツを持ち込んで泊まり込む。

　チャーリー・バーンズという考古学者によって始められた大きな書店が隣だ。アイリッシュ・タイムズ紙が「ダブリンのトリニティー・カ

118

レッジのオールド・ライブラリーのミニバージョン」と評したように、貴重な本や興味深い本が数多くあり、何時間でもこの本屋でなら本好きのパトリシャもムロウ氏も時間を費やせる。

ゴールウェイの中心街

　マンションに1泊した後、当時はまだゴールウェイの町の港から3つの島に船が出ていたので、そこからムロウ氏が夢に描いていたイニシュマン島にパトリシャに案内してもらっての船旅となる。不思議なことに、このイニシュマンとムロウ氏の旧姓のイマニシとはアナグラム的符号で合致している。Inishmann も Imanishi も基本的に同じスペルの「i, a, h, m, n, s」で成り立っている。

　英語で anagram というのは、scrabble というゲームを知っている人には周知のことだが、言葉（並べ替え）遊びで、例えば、dear（親愛なる〜）を並べ替えて、read という語を作ったりするものだ。Imanishi と Inishmann では、正しく考えると Imanishi のほうが1字不足しているので、1グラム少ない「穴」グラムのようではある。日本語なら、「どこも（ドコモ）→こども」のような類である。

では、ここで簡単な anagram 遊びをしてみよう。英語でなら、

（例）　a gentleman → elegant man

　　　　dormitory → dirty room

では、1. silent からどんな語が作れますか？

　　　　　（ヒント：「言葉」に関する言葉）

　　　2. canoe では？

　　　　　（ヒント：「海」に関する言葉）

　　　3. 日本語のアナグラムで、「内容がいい」は？

　　　　　（ヒント：英語でなら "difficult to say"）

答は次の頁にある。

　言葉遊びはこれぐらいにして、なぜこの島が「夢の島」だったのかというと、アイルランドの劇作家 J. M. シングの研究家ぶっていたムロウ氏の好奇心を駆り立てたからである。

　J. M. シングという作家は日本での知名度はゼロに近い。アイルランドでもよほど文学か演劇に興味がある人でないとその名は知らない。簡単に説明しておくと、知られざる彼の作品のうちで最も上演回数の多い作品は、『西の国の伊達男』（*The Playboy of the Western World*, 1907）である。西の国というのは、アイルランドの南西部ケリー州である。そこに住むクリスティーというやさ男が、父親に歯向かって鍬で叩いたことで殺してしまったと思い込み、北のメイヨー州まで徒歩で逃走する。そこで出会った女たちに父親を殺したことを語ると、こともあろうに彼女たちに英雄視されるのである。特に、パブの経営者の娘のペギーンはその勇敢さにぞっこん惚れ込んでしまう。

120

22. アラン島

『西の国の伊達男』のポスター

　当時、アイルランドにおいては、父親の権力は絶対的なものであり、父親殺害などの事件を劇にして上演するなど不謹慎もはなはだしいものであった。「尊属殺」は刑が重かった日本の古き良き時代のように、父親がしっかりとした「家の大黒柱」であった。日本もアホな女がバカに強くなり、伝統もさびれ、「家」がガタガタになっている昨今だが、アイルランドでも今は日本と似たり寄ったりの状況になってきているのが嘆かわしい。

　なぜ、人々の安らかな気持をかき乱してまで、シングがこのような劇を書いたのかというと、日常への不満の気持があったことや、人が書かなかった劇を書こうとした（ムロウ氏がこの本を書いた意図と似ている）ことと、センセーションを巻き起こすかもしれないと思っていたことなどが挙げられる。（その予想をはるかに超える反響でシングはノイローゼになってしまうことになるのだが・・・。）

　シングの裏の意図は、イギリスに対してアイルランドが置かれた絶対的服従という忍従の立場を想起させ、その権力に反抗する男が英雄視されるという国民意識を描こうとしたのである。

　それが観客には理解されなかった。クリスティーという息子（アイルランド）は、「壊滅」させたと思っていた父親（イギリス）が健在で、

前頁のクイズの答えは、[1. listen ／ 2. ocean ／ 3. 言いようがない] です。

頭に白い包帯を巻きつけて、自分を追いかけてきたことを知る。父親は息子を取っちめて、最後には従えて連れ帰るという筋立てで、クリスティーを英雄視して彼の愛を独占したはずのペギーンは、彼が消沈してパブを去った後、ため息をついて幕となるという喜劇である。

「父親＝イギリス」にはとうてい勝てないという結末であり、皮肉な内容となっている。とにかく、敬虔なカトリックの人々には怪しからんことで、この劇は無神論者が「アイルランド人」を侮蔑するものだとして、ダブリンのアビー劇場で上演された際に、観客が劇場内で暴動を起こした。W. B. イェイツが舞台上で劇を擁護する発言をして、暴徒をなだめようとする大事件にまで発展したのである。この作品や上演に際してのセンセーショナルな出来事などが毎日の新聞紙上で報じられ、内容に関して賛否両論、喧々諤々の意見が交わされ、それが幸いし、劇場は毎日満員となり興行的には成功した。

　話は変わるが、ムロウ氏は同じようなことを体験している。デイヴィッド・リーン監督の『アラビアのロレンス』（Lawrence of Arabia, 1962）を、学生時代、大阪の梅田にあったシネマスコープという超大型スクリーンで見たことがあった。その映画のヒーローであったピーター・オトゥールが主演する『マクベス』が、ロンドンのウエスト・エンドで上演されることになった。

　早速、チケットを買いに行って、2日目の公演、座席は1列目の真中の一番役者が近くで見えるところを選んだ。（当時は1列目は、upper circle と呼ばれる3階の後部座席と同じく最低料金だった。）

　初日の劇評が新聞に出た。軒並、酷評である。映画監督が演出し、舞台上に「真っ赤な血」が流れたり、映画の演出手法があまりにリアリスティックで、シェイクスピアの作品の劇場での上演にはそぐわないというのである。

　この酷評に対して、2日目の公演の後、演出家が舞台の幕の前に立ち、

『マクベス』のリアリズム劇の正当性を観客に訴えかけた。

　ムロウ氏は映画監督の演出の試みは分からないではないが、その劇は下品で、グロテスクで、平面的で、映画にしても成功はしなかっただろうと思った。それを舞台でするのには無理があり、劇としての「ふくらみ」に欠けると感じていたので、劇評家と同じ意見であった。映画監督の自己弁護が虚しく響いた。この監督の自己弁護演説に拍手と声援を送る浮薄な者もいれば、冷ややかに聞いている知的階層の人達もいた。

　ムロウ氏は演出家というものは演出で自己表現すべきだと考えており、スピーチでの自己弁護には賛成できなかった。その弁護演説のあともまた映画手法のリアリズムのシェイクスピア劇に対する投書が新聞を賑わせた。シングの『西の国の伊達男』と似た状況である。劇は同じく興業的に成功した。

　『西の国の伊達男』のクリスティー役の役者はほとんど無名に近い存在であった。ところが、マクベスは世界に名を成すピーター・オトゥールである。どちらもアイルランド人であることだけは同じだったが・・・。

　問題は舞台上のオトゥールにもあった。当時、アルコール中毒症だったオトゥールは舞台恐怖症もあり、酒を飲んでから舞台に立った。だから、オトゥールがムロウ氏のそば、舞台中央の1メートル半ほどの距離に来て台詞を語ると酒臭い匂いがどこからともなく漂った。

　これには失望したムロウ氏であるが、後に、ブラッド・ピット主演の『トロイ』（Troy, 2004）で、オトゥールがアキレスに殺されたヘクトルの父親役を好演したのを見て、また昔の好印象を取り戻すことができた。

　J. M. シングはイェイツにパリで出会い、アラン島に行って、そこでの人々の生活を描くように促されて、1898年から5年に渡り、夏の間、このイニシュマンの島で過ごし、アラン島の昔ながらの生活を克明に記した。そのわらぶき屋根の家が残っていて、これが "Synge's Cottage" と呼ばれている。

シングのコテッジオーナーの女性とパトリシャ

　ここに入場料を払って入ると、部屋にはシングの写真、シングから当時のマイケルというオーナー宛に出した手紙、写真好きのシングが撮った当時のアラン島の人々や、彼らの生活の様子がよく分かる写真などが展示されている。ムロウ氏はそれらを写真に撮りたいが、あいにく撮影は禁止と書かれている。

　ムロウ氏がコテッジの展示品に見入っているうちに、誰にでも旧知の友のように話す人なつっこいパトリシャはオーナーの女性と親しく談笑していた。その女性はシングが逗留していた頃のこの家の家主であるマイケル氏の末裔であることが判明した。

　この家は国の文化財としての財政援助もなく、コテッジを維持するのが経済的に困難になってきているとのこと。イニシュマンはアラン３島の中では人口も一番少なく、観光客の数が最も少ない島でもある。この話を聞いて、ムロウ氏とパトリシャは２人で50ユーロ（約７千円）の寄付をした。すると、撮影禁止とされていた室内の展示物の写真は撮っても良いということになった。早速、ムロウ氏はあらゆる展示物をカメラに収めた。ところが、どういうわけかカメラがオートになっていなか

ったために、撮った室内の写真は、光量不足でみんなブレていて、日本に帰ってからそれを見たムロウ氏の落胆はヒドイものであった。
　このコテッジを後にして、緩やかな上り坂を辿っていくと、大きな石板の塊でできたような地面に出る。そこからは海が一面に開けて見える。目的地は "Synge's Chair" だ。

シングの椅子

　シングが座っていた石灰岩の椅子でもあるのかと思いきや、入り江に向かった崖近くに、入り江を見下ろせる側と空を見上げられる2面が吹き抜けで、他の4面、即ち、地面、そして左右と後ろの3面が石で積み上げられた壁になっている、変形の防空壕のようなものがあった。これが "Synge's Chair" である。しかし、とても「椅子」には見えない。西洋の椅子には必ず足がある。日本の座椅子には足がないが、石の座椅子は見たことがない。左右、後ろの積み石の壁は風除けにはなるが、雨や太陽は避けられない。シングは島のカトリックの人達が日曜日のミサに行くときには、ひとりこの椅子に座って、寄せては返す夏の白い波を見ていたと伝えられている。
　ムロウ氏とパトリシャは、2人でも充分に座るスペースのある硬い椅子に腰をかけて、シングのように入り江を眺めていた。

ムロウ氏　　なぜこれが椅子なのですか？ 暴風壁のようですが。
パトリシャ　三方を石で囲んでるだけですからね。
ムロウ氏　　どうして、天井をつけなかったのでしょう。
パトリシャ　石を積み重ねてつくっただけなのだから、上に石を置いたとしたら、それが落ちてくる可能性がありますから。
ムロウ氏　　たしかに。雨でも駄目ですね。
パトリシャ　景色は抜群ですね。海の波が寄せては返すのがリズミカルだし、海の青さと白い波、それに青い空に、見てごらんなさい、白いカモメが・・・。

上空のカモメ

　100年前と変らぬ海の鼓動である。青空を飛ぶカモメが2人の上をかすめて通った。ムロウ氏は素早くそれを写真に収めた。

　この島には、ドン・ホンフルという砦跡がある。ゴールウェイに劇場を持つ世界的に有名なドルイド劇団を主宰するギャリー・ハインズの演出、主演女優マリー・ムレンで、シングの劇を連日ここで上演したことがあった。（雨の多いアイルランド。劇団も客も相当な覚悟の上でこの

砦跡に向かったことだろう。ムロウ氏は双方に敬服する。）

　次の夏に訪れたのは、イニシュモア島である。前回出航した港を探し
回るが、もうゴールウェイから船は出なくなっていて、ロサヴィールに
行くように指示される。そこでフェリー乗り場に着く。あいにく、いま
出航したばかり。次の島行きのフェリーの時間を見ると、2時間ほど先
のことである。こんな誰もいない港で時間を無駄に過ごすわけにはいか
ない。

　観光案内所でもらっていた近郊の観光スポットを調べてみると、半時
間ほど車で北北西に走るとロスマックの集落がある。そこには1916年
のイースター蜂起の指導者のひとりで、そのカリスマ性と悲劇的な死に
よってアイルランドの独立運動の象徴として国民的な英雄となっている
パトリック・ピアースのコテッジがある。時間的にちょうど良いので、
このコテッジを訪問した。この人里離れた丘にあるピアースのコテッジ
に来ているのは、子供連れのアイルランド人の家族とムロウ氏とジョシ
ュアの6人だけである。質素な佇まいに、堅実さが感じられる家である。
教員であったピアースはここで小説や劇など書いていたと説明書きにあ
る。

　パトリック・ピアースは、伝説上のアイルランドの英雄ク・ホリンを
崇拝していたことでも知られている。彼はク・ホリンの物語について、
「世界最高の叙事詩であり、ギリシャ悲劇よりも哀れを誘い、しかも同
時に精神を昂揚させる。それはク・ホリンの物語が神による罪なき人間
の贖罪を象徴しているからだ」と書いている。

　ピアースが創設した聖エンダ校（St. Enda's School）の校内には、「も
しわたしの名声と行動が後世に生き残るならば、わたしは一昼夜しか生
きることができなくてもかまわない」という幼きク・ホリンの言葉を刻
んだフレスコ画が飾られていた。そこは、今「ピアース記念館」となっ
ている。

127

首都ダブリンのオコネル・ストリートにある中央郵便局は、イースター蜂起の象徴的な建物でもある。そこにク・ホリン像がガラス窓を通して通行人に見えるように飾られている。

中央郵便局のク・ホリン像

　すぐそばには「光の記念塔」として知られる120メートルの高さのステンレス製の The Spire（尖塔）が空を突き刺すかのようにそびえている。これは、まったく、ダブリンの町にそぐわない醜い建造物である。

スパイア［尖塔］

22. アラン島

フェリーの出発の時間近くになると、先ほどは閑散としていた港に多くの人達が集まっている。車を原っぱのような駐車場に置いて船に乗り込むと、もう船内は賑わっている。出港して甲板に上がると吹きつける風が気持いい。15分以上いると気持が良すぎて、ムロウ氏は寒さに耐えられなくなる。アイルランド人は寒さに強いのか、平気で談笑している。アイルランド英語がカモメと共に風に舞っている。

島に着く頃には、もう夏の夕日が大西洋の海面近くに傾いている。ロサヴィールの船着場にあったチケット売り場の小屋で、島のB&Bが予約できると書かれていたので予約した。その際に、場所はどこかと聞くと「船着場に迎えが来るから」というぶっきらぼうな返事だ。島の地図は港に観光案内所があるからそこでもらえるとのことだった。

ところが、船から降りた他の観光客はミニバスに次々と乗り込んでなくなるのに、ムロウ氏が予約したB&Bの迎えの車はいつまで経っても来ない。B&Bの名前は知っているが、電話番号も住所も何も知らない。どんどん薄暗くなっていく。観光案内所らしきところがあったので、そこでB&Bへの連絡方法を聞こうとしたら、なんと閉まっているではないか。とうとう、港に残っているのはムロウ氏とジョシュアの2人だけになってしまった。辺りには誰もいない。警察がないから交番もない。日が暮れるまでに、どこかのB&Bに入らないとまずい。予約金は小屋で払っているが、最悪の場合は、どこでもいいから宿泊施設を探さねばならないと絶望状態に陥った時に、4、5人の観光客を乗せたミニバスが通り過ぎようとした。ムロウ氏は運転手に向かって手を上げてB&Bの名前を告げた。運転手は、「乗れ」と合図した。親切な運転手だと思った。先に乗っていた客をあちらこちらで降ろし、最後にムロウ氏のB&Bはあそこだと指さして、車を止めた。親切に乗せてくれたと思ったのに、2人で10ユーロも取られた。

指さされたB&Bの前に来ると車が止まっていた。ベルを鳴らすと笑顔でB&Bの女主人が現れた。ムロウ氏は「なぜ迎えに来なかったの

129

か！」と詰問しようといきり立っていたのに拍子抜けである。ちっとも悪びれていない。

　ハタと認識を新たにした。「迎えがある」と聞いていたが、ミニバスとは聞いていなかった。B&Bの誰かが迎えに来ると決めつけていたが、「迎え」とは港に何台も頻繁にやってきた個人経営のミニバスなのだ。きっと、それに乗って行き先を告げれば連れて行ってもらえるということだったのに違いない。何という「常識」の違いだ！　日本の温泉旅館は駅に着く時間を前もって言っておくと、専用のマイクロバスで迎えに来てくれる、それと同じだとムロウ氏は思い込んでいた。

　部屋に入ると、アイルランドの劇作家のJ. M.シングのコテッジのような場所を夢に描いていたが、普通の西洋家屋の小ぎれいな一室である。日本のどこにでもあるような家だ。ただ、窓から見るアラン島の夕闇の景色はここにしかないものだった。夕焼けの空があまりにきれいなので、外に出てみることにした。

アラン島から見た大西洋に落ちる虹

　夏なのに肌寒い。雨は降ってはいない。大西洋に小雨が降っていて虹をつくっている。大西洋の東端に虹が落ちる光景を記録に残そうと部屋

にあるカメラを取りに走った。だんだんと空がムンクの「叫び」の絵のように赤く染まってくる。

アラン島の夕焼けで赤く染まりかけた空

　赤黒い空が黒一色に変わったのでB&Bに戻ろうとすると、真っ黒い牛が近寄ってきて「モー」と鳴いた。アイルランドでも牛の言語は日本と同じようだ。でも、Moo と書くと、「ムー」とアイルランド人には読まれる。イギリス人でもそれは同じ。

　翌朝、B&Bの2つ目の「B」のために食堂に降りていき、テーブルにある緑色のカビの生えたパンを手に取り、カビのところだけを切り取って朝食を食べた。チェックアウトの際に女主人に「港まではミニバスを呼んでもえますか」と聞くと、「呼んでもいいが、歩いてすぐだ」という。教えられた道を歩いて港に向かうと、たったの5分の距離だった。昨夜のミニバスは港から20分以上走り回ったのに・・・悪徳業者だ。日本の誠意あるタクシー運転手なら、「その道をまっすぐ上がって、最初の右の道を曲がって2軒目だ。牛がいるからすぐに分かる」と言ってくれていただろう。働く気のないずさんな説明のチケット売り場の女の子と、金儲けに走るアラン島の白タク運転手で、アイルランドの印象

はガタ落ちになる。

　朝になると島の観光のために港に多くのミニバスが並んでいる。昨日の悪徳ミニバスは避けたい。このキルローナン地区だけなら充分に歩いて回れるが、イニシュモア全島を歩くとなると、よほどの健脚でないかぎり無理だ。同色同型のレンタ・サイクルが自転車屋の前に数十台勢揃いしている。島はアップダウンが激しく、自転車は大型の重そうなものだし、ジョシュアは自転車に乗ると脚力がないためにフラフラと蛇行するだろう。石垣で両側が極端に狭く感じられる道に、猛スピードで多くの観光用のミニバスが走り回っている。一番手っ取り早いのはこれである。誠実そうな運転手の赤いミニバスを選び、ジョシュアと共に乗り込んだ。運転手の隣である。そこが特等席らしい。確かに前方の見晴らしがいい。

　ポニーの引く馬車があるが、それは一見のどかだが、のろくて臭い。見た目は優雅で、涼しい風が海から吹く夏には快適であるはずだが、温暖化のせいで客の乗る天蓋のない「客席」は、晴れていれば日差しで肌がじりじりと焼けるのは間違いない。特に白人女性は要注意だ。日焼けはひどいシミになる。日本人でも同じことだが、真っ白な肌は日本人のそれ以上に紫外線に弱そうである。それなのに若い白人女性はとかく肌を露出する傾向がある。

　ひと昔前は、イギリスやアイルランドでは、夏に日焼けしていることがステイタス・シンボル（これは海外旅行ができるリッチな人というだけのこと・・・）だったが、昨今はイギリスの南海岸でも、アイルランドの南海岸でも日光浴ができる。何もエーゲ海やイタリア、スペインなどに行かなくてもいい。

　話をポニーの馬車に戻すと、その最大の欠点は時間がかかりすぎることだ。せっかくこんな僻地まで来たのに何もせかせかと焦ることはない・・・はずだ。ゆったりと過ぎ行く時間にのんびりと歩調を合わせてゆとりのある１日を送ろうと思えば、何も問題は起こらない。

132

22. アラン島

アラン島の馬車とジョシュア

　大学を出たあとイギリスに住んでいたムロウ氏は、それまで日本では羊などどこにもいなかったので、見たこともなく、羊というのは同種の魚が同じ顔をしているように同じ顔だと思っていた。ところが、親しく羊を見るようになって、羊の顔がそれぞれ違い、性格も違うらしいことが分かった。

　この度のアラン島では、『ガリバー旅行記』（*Gulliver's Travels,* 1726）に書かれているように、馬が人に話しかけるのも分かった。それは、ムロウ氏ひとりが感じたのではなく、ジョシュアも同時にそれを感じ取っていた。

　何が起こったのかというと、ガイドブックならどの本にでも出てくるアランセーターが玄関に飾られた店がある小さな広場は、観光客がミニバス、ポニーの馬車、レンタ・サイクルなどから降り、徒歩でドン・エンガスに向かう道の起点となっている。ムロウ氏とジョシュアがミニバスを降りると、編み物が趣味で得意なジョシュアは他には目もくれないで、アランセーターが置かれている土産物店にイノシシのように突入していった。

ドン・エンガスの麓の土産物店

ジョシュア　アランセーターって、それぞれの家によって網目模様が違うんですってね。
ムロウ氏　　そうだよ。
ジョシュア　いったいどれくらいの数の模様があるのかしら。
ムロウ氏　　そりゃあ、家の数と同じじゃないだろうか。
ジョシュア　お嫁入りした女の人は、自分の昔の家の網み方から、嫁ぎ先の家の編み方に変えるのよね。
ムロウ氏　　たぶん、そうだろう。
ジョシュア　溺れて死んだときに、そのセーターで識別できるんですってね。そのために家によって違う網み方にしてるのかしら。
ムロウ氏　　そんなわけないだろう。どこの母親が息子の死体を識別するためだけに、セーターを編んだりする？ あのセーターは、アイルランドでよく見かけるハイクロスに見られる模様なんかもあり、海難事故にあわないようにっていう祈りの気持が込められてるんだ。縄状の編み方は漁の時のロープや命綱を意味していて、大漁など様々な願いの模様なん

だ。

ジョシュア　やっぱり、そうよね。

　店から出てきた2人が目にしたものは、「巨体＆肥満体露出女性同盟」の代表団のような観光客のおぞましい一団を乗せて、とぼとぼ歩いていたポニーである。すぐ横を歩いて通り過ぎるガリ細のジョシュアを見て、このポニーは語りかけたのである。それがはっきりとムロウ氏にもジョシュアにも感じとれたのである。

ジョシュア　見た？ あのポニーの目？

ムロウ氏　　見たよ。恨めしそうで、虚ろな目だったね。

ジョシュア　なんか泣いているように見えなかった？ とても悲しそう
　　　　　　だったわ。

ムロウ氏　　確かに、そうだった。君に何かを訴えかけているようだっ
　　　　　　たね。

ジョシュア　あなたにも聞こえた？ その声。やっぱり、あのアメリカ
　　　　　　人達の代わりに軽い私に乗ってもらいたいのね。

ムロウ氏　　そうだよ。絶対にそうだ。あんな相撲取りのような若い女
　　　　　　の団体を見たのは初めてだね。ひとりで君の3人分ぐらい
　　　　　　の体重があるね。あの巨体と君と同じ料金だろうか。

　なんとも哀れな光景だった。

　話はいつものように脱線するが、ジョシュアは常々、海外旅行の荷物が20キロ制限なのに不満を抱いている。100キロもあるようなデブの女が20キロの荷物なら、合計で120キロである。40キロのジョシュアは80キロの荷物の許容量があってしかるべきだというのである。一応、論理的だし、正論だ。（まやかしの人権団体なんぞ、クソくらえだ！）

だいたい、100キロ超級の巨大ブタ人間があのエコノミー症候群の原因になる狭苦しい席で、それでなくても窮屈なのに、体の脂肪をひじ掛けに押し込んできたりしたなら、その箇所を押し込めたために、よけいにそこの上下の脂肪が隣の席にはみ出してくることになる。それにその肥満体脂肪はなぜか日本人には暑苦しいときている。（日本人は彼らには冷たいのだろうが・・・。）一度、窓側に巨体が来て、通路側の席に座るムロウ氏は涼しい顔をしていられたが、3つの座席中央に座っていたジョシュアが甚大な被害を受けたことがある。

　ミニバスの観光タクシーは時間がない人や、ムロウ氏のように気が短い人には最適である。効率よく島を回れる。と言っても、車が連れて行ってくれるところは船着場のキルローナンから島の対岸にあるドン・エンガスまでだけだ。降りてから要塞跡までは坂道を覚悟しなければならない。

　ミニバスから見える車外の景色は、石を積み重ねて狭い囲いの中に「放し飼い？」にされた牛、緑のジャガイモ畑、遠くに大西洋の海だけである。運転手はポーランド人で、イニシュモアに来て現地の女性と結婚して、ここに落ち着いているらしい。普段は漁師で農夫であるが、夏期の観光客の多いときだけは観光用のミニバスのドライバーをしているとのことだ。ケルプという海草を海から取って畑に入れる作業が大変らしい。土地に栄養分を与えるとのことだ。

　アラン島では19世紀半ばのジャガイモ飢饉のときにはこの海草を食べていた。海草を食べるというのは日本人には何も抵抗のない普通のことだが、アイルランド人にもポーランド人にも抵抗があるらしい。要するに、食文化は国によって特有のものなのだ。グローバル化などしないほうが逆に楽しい。

　元気で天気ならば、レンタ・サイクルで海から吹く風を頬に受けて快適にサイクリングができるはずなのだが、空一面青空でも突如として雨

雲が押し寄せてくるから要注意である。それでも、若者ならやはり雨にも負けず、風にも負けないで、自力で観光してほしい。道は細く、ほとんどが坂道で、高速で走るミニバスを避けるワザが必要かもしれない。

　ミニバスに乗って、あたりをきょろきょろ眺めていると、かなりの数の家には駐車場があり車が置かれている。車で一体どこに行くのだろう。水陸両用の車でもないかぎり、どこにも遠出のドライブ旅行などできないのだが・・・。フェリーで本土に渡るには高額の費用がかかるはず。雨が多く、冬は寒く、風が強い。だから買い物にも車が必要なのかもしれない。ステイタス・シンボルなのだろうか。

　しばらく坂を上ると、小高い丘の上にあるドン・エンガスという要塞に着いた。ここは、大西洋に面した断崖絶壁の上にある約2千年前に造られた砦である。ここでのスリルは地面に寝そべって海面をこわごわ覗くことである。すべて安全第一。立ったまま90メートルも下の海面を覗き込んだときに強風に煽られたら、勇敢なスカイダイバーだとカモメに賞賛されることがあっても、よほどの強靭な体の持ち主でもない限り、海面に突入するという急降下の直後、また逆方向へ昇天することはほぼ間違いない。

ドン・エンガスの断崖

三度目は、残る一島イニシアへの日帰りの旅である。イニシアは 1990 年代にはイギリスのコメディー番組『テッド神父』（Father Ted）の舞台として有名だったが、それも遠い過去のことになり、そんな番組も知らない世代が増えている。

　ムロウ氏の出発地点は、スライゴの近くのバリサデアである。2 時間でゴールウェイを通過し、荒涼としたバレン高原を走り抜けて、リスドゥーンバナまで来ると、あとは田舎道である。あと 10 分ほどでドゥーリンの港に着くはずだったのが、行けども行けども田舎道が続いていてなかなか港に着けない。どこにも人家がない。車も 1 台も走っていない。離合するのも困難な細い道だが、反対方向から来る車も 1 台もない。太陽の位置と時計と地図とを頼りに走り続けること半時間以上、もう諦めて U ターンして帰ってもよさそうな距離まで来ているのだが、U ターンしなかったのは道路にそのスペースがなかっただけのことだ。ようやく人家が出てきたと思うと、そこは「隠れ田舎都会」とでも言おうか、B&B やレストランがあり、かなりの人通りもあった。

　港はすぐ近くらしい。船着き場の南側に駐車場があり、そのそばにフェリー会社のバラック作りのチケット売り場があった。中に入ると看板に、往復フェリー「海から眺めるモハーの断崖見学付き」というのがあったので、これに決めて乗り込む。モハーの断崖は、アイルランドの旅行案内の本には必ずその壮大な写真が載っている。

　スライゴからバレン高原にドライブした時に、モハーの断崖に立ち寄って、崖の上を歩いたが、長さ 8 キロもある岩場を往復歩くわけにはいかない。快適に歩ける道もない。崖の高さは 200 メートル、崖の端から覗くのは危険である。ムロウ氏は東尋坊でも、フワッと引き込まれそうになる。その誘惑に負けない意志の力がここでもあるのかどうか、それはそのときにしか分からない。崖の高さと誘惑の力が比例するのなら、そこで「オダブツ」になる可能性がある。意志の力が怯んで、ここで

「石仏」にはなりたくない。断崖の端には立たず、10 メートル以上は離れて遥か大西洋を臨み、しばしたたずんで去ったその場所を海上から見るのも悪くはあるまい。船からは海に飛び込む誘惑にかられたりしないだろう。船が大波で揺れて、フラッと振り落とされるのなら、それは自殺ではないから「自己」責任ではない。ただの「事故」だ。

　そういうわけで、ここのフェリーに乗ってイニシア島までは半時間だ。快適な船の旅で島に着くと、ビーチが広がっていて多くの海水浴客が来ている。パトリシャが若い頃、3 人の息子たちを連れてきて泳がせていた浜辺である。

　波止場では大勢の客が船の到着を待っている。正午近くに着いた船から降りる人はまばらである。船は待っている客を乗せて、イニシュマン島かイニシュモア島に向かうらしい。

　この島には「ドン・フォームナ」と呼ばれる城塞跡の中に 15 世紀に造られたオブライエン一族の城跡が島の高台にある。ほんの 100 メートルの高さである。近くに、無残に壊れた石造りの教会跡もあるが、他に何も見るものがない。（それが見るべき大切なものなのだが・・・。）都会の汚れのない自然がいっぱいあることに感謝しなければならない。そう思って港に着くと船が出かかっていた。岸壁を離れたところである。飛び乗ればムロウ氏はセーフだったが、ジョシュアは海に落ちる危険性がある。それで次の便まで、2 人はパブの庭で春のようなうららかな日差しを浴びて、海と空を眺めて過ごしたのである。

139

イニシア島　オブライエン城跡

アラン島特有の石垣

イニシア島の観光？馬車

２時間後に帰りの船に乗って、モハーの断崖見学となったが、実際に断崖の傍をずっと船で走っていると、代わり映えのしない障害物のようなものにはすぐに飽きてきて、空行く雲を眺め始めるムロウ氏である。雲は刻々と形を変える。断崖はムロウ氏が生まれるずっと以前から死んだあとまで長い年月、同じ形だろう。アイルランドで地震の話は聞いたことがない。

海から見るモハーの断崖

23
イェイツ・サマー・スクール１（Yeats Summer School 1）

　ムロウ氏は度々 W. B. イェイツのサマー・スクールに参加した。イェイツというのは、日本の大学で英文学を専攻すると、いやでも試験に出るので名前だけは覚えておかねばならない作家である。

イェイツ・サマー・スクールの看板

　ムロウ氏がイェイツの名前だけで事を済ませておけばいいものを、こんなにアイルンドに深入りして、なぜ『アイルランド紀行』なるものを書き始めることになったか、その契機になった出来事は最終章に置いてある。
　ここではイェイツ・サマー・スクールの話をしよう。スクールの内容は「スクール２」に回し、ここではムロウ氏がどんな感動を得たかについて語る。
　ある年、初日に W. B. イェイツの息子であるマイケル氏が、ホークスウェル劇場の舞台上に座っておられるのを目にした。もうかなりの高齢であった。W. B. イェイツの名前だけしか知らない割に、なぜかイェイ

ツの中年の頃の家族写真を何かの本で見たことがあった。英語はよく分からないムロウ氏でも写真は見たら分かる。イェイツ夫妻のそばに、お姉さんのアンと一緒に可愛らしい5歳ぐらいのマイケルの姿を見た時の印象がはっきりと記憶のどこかに残っていた。

子供の頃のマイケル・イェイツ　　晩年のマイケル・イェイツ氏

　マイケル氏のことなどその写真で知っていただけで、政治家だったとかその他のことは一切知らなかった。その写真の愛らしい子供が、品の良い老紳士として目の前に現れて（2006年）、「時の流れ」の不可思議さを実感したが、今はそれも「無常の時の流れ」として、なんとも名状しがたい気持に駆られるムロウ氏である。なぜかというと、これを書くのに、Wikipediaでイェイツのことを調べていると、マイケル氏がお見かけしたその翌年に亡くなられていたのを知ったからである。（今、存命なら97歳だが、「破壊者である時」の支配を受ける人間の避けがたい運命はいかんともしがたい。）
　イェイツ・サマー・スクールで忘れられない存在は、このマイケル氏と、温厚で恥ずかしそうにホークスウェル劇場のドアのそばによく立っておられた詩人のシェーマス・ヒーニー氏である。W. B. イェイツと共にこちらもノーベル賞作家である。数年にわたり、何度もお見かけした氏の温かい笑顔が忘れられない。ヒーニー氏も2013年に74歳で亡くな

られた。サマー・スクールの最終日に、ホークスウェル劇場で、ムロウ氏の斜め前の席に座っていたヒーニー氏の訃報を、ロンドンのホテルの一室でTVニュースを見て知ったムロウ氏は、またも「破壊者である時」の無慈悲さをひしひしと感じるのであった。最後に出会ってからほんの3週間後のことである。

　今考えると、イェイツ・サマー・スクールは夏期講習というよりは、学会、研究会のようなものである。普通のサマー・スクールは、イギリスでもアイルランドでも美しいキャンパスの中の学生寮で生活でき、食事付きであるし、時期は最高の季節ときている。日本の夏とは違い、まだ温暖化などない時代、涼しい5月のような爽やかな風を受け、時には緑の芝生の上で円陣になっての授業で、絵に描いたようなキャンパス・ライフが味わえる夏期講習であった。だが、名前だけは立派でもトリニティー・カレッジ・サマースクールの例があるから安心はできない。

　映画『リタと大学教授』(Educating Rita, 1983) では、このトリニティー・カレッジのオープン・ユニバーシティ（日本で言うなら「放送大学」）の英文学の講師（『ミニミニ大作戦』では主役のチャーリーを演じたマイケル・ケイン）は飲んだくれの男だったが、現実もさほどフィクションと異なっていないと思える場合がある。

　ムロウ氏でさえも夏休みになると、いつもそそくさとイギリスに逃げ出していたのに、オックスフォードやケンブリッジの講師陣が学期が終わっても、訳の分からないムロウ氏のような外国人のために、時間を割いて授業をしてくれるわけがない。ちなみに、オックスフォード大学の夏期講習では、ムロウ氏の演劇コースの先生はどこかの中学か高校の教員であった。

　しかし、大学の教員だから偉い、中学や高校だから偉くはないと考えていいはずがない。大学の教員は、専門的な知識を持っている（はずだ？）が、教員としての資質に欠けている人物も多い。

　ところが、このイェイツ・サマー・スクールはなぜか本物である。世

界の名だたる講師陣が朝の講義にホークスウェル劇場の演壇に立つ。セ
ミナーもそうだ。厳かな雰囲気がある。それがいい。だが息苦しい。イ
ェイツの作品など難しすぎて理解できないムロウ氏は、その作品の内容
に関してあれやこれやと言われても、アメリカ英語、アイルランド英語
では、イギリス英語を聞くときよりも耳の緊張度が数段高まり、疲労が
蓄積する。だから、リフレッシュするために逃げ出して、空の雲を眺め、
ギャラボーグ川の黒い水に浮かぶ白鳥の動きを観察するのである。

24
イェイツ・サマー・スクール2（Yeats Summer School 2）

　ムロウ氏のスライゴでのスクール初体験は2003年の夏である。ウェルカム・パーティーが催されたのは、アイルランドに残るビッグ・ハウスと呼ばれる大邸宅のひとつで、19世紀の前半に准男爵ゴア・ブース卿によって建てられたギリシャ風ネオ・クラシックの館「リサデール・ハウス」であった。

リサデール・ハウス

　こんなお城のようなところで歓迎会があるなどイギリスでは考えられないことだ。館の暖炉のある部屋には、2人の美しい娘、コンスタンツとイーヴァの写真が飾られていた。この女性たちのことは、イェイツの「イーヴァ・ゴア・ブースとコン・マルキェビッチの追憶」という詩に

書かれてある。イェイツが初めてリサデールの館に招待された時の印象を後に謳ったものだ。

In Memory of Eva Gore-Booth and Con Markievicz
イーヴァ・ゴア・ブースとコン・マルキェビッチの追憶

The light of evening, Lissadell,
リサデールの館、夕日を受けて
Great windows open to the south,
南側に大きな窓が開かれている
Two girls in silk kimonos, both
２人の女性が絹の着物を身にまとっている、共に
Beautiful, one a gazelle.
美しい、ひとりは（首が長く）ガゼル（鹿に似た動物）のようだ

ムロウ氏もここでなにか「詩歌」を作らねばと考えるが、どこにも「鹿」はいないし首が長い美しい女性もいないからいたしかたない。首が長い女性と言えばジョシュアがいるが、この研究の旅では「助手」の役目が務まらないので日本に残してきている。

コンスタンツは、復活祭蜂起の際にはひとつの部隊を率いて戦いに臨み、イギリス軍に捕えられ、ダブリンのキルメイナム刑務所に首謀者のひとりとして捕えられた。後にアイルランド代表の英国国会議員に女性として初めて選出されている。

コン・マルキェビッチ像、アイルランド独立後は労働大臣

ベンブルベンとコン・マルキェビッチ像

24. イェイツ・サマー・スクール 2

　詩人のイーヴァは女権運動家でもあり、ロンドンのハイゲート墓地に
埋葬されている。映画『ノッティングヒルの恋人』（Notting Hill, 1999）
では、ジュリア・ロバーツが演じる女優のアナのところに、ノッティン
グヒルで旅行案内書などを取り扱う本屋を営むウィリアム（ヒュー・グ
ラント）が訪れる白い館がある。このロケシーンがハムステッド・ヒー
スの北側に位置するケンウッド・ハウスである。

　ムロウ氏がケンウッド・ハウスからの帰り道に、ハイゲート墓地を訪
れようと入口に入ると、「お墓ばかりで（あたりまえだが・・・）、墓場
はお参りではなく、物見遊山のようにして行くと、霊にとり憑かれる」
と信じているジョシュアは歩みを止めるので、ムロウ氏は興味本位での
「お墓めぐり」は断念した。

　果たして霊にとり憑かれたらどうなるのだろう？　とり憑くのは成仏で
きなかった霊なのだろうか。死者を弄んではならないという警鐘だろう
と思うが、ウエストミンスター寺院などでは、歴史に名を残した人々の
お墓の上を観光客がぞろぞろと歩いている。これでは霊も浮かばれない
のでは・・・と思うムロウ氏である。

　ハイゲート墓地のカール・マルクスの墓参りをした若かりし頃をムロ
ウ氏は懐かしむ。共産主義の理想はジョージ・オーウェルが『動物農
場』（*Animal Farm*, 1945）で、動物たちが人間の搾取から脱するために
農場主を放逐したのはいいが、動物たちの中でブタが権力を握る様を見
事に描き出した。『動物農場』は当時のソビエトの現実を揶揄し、未来
を予測した作品である。

　「人々がみんな平等であれ」という理想の夢は儚くも崩れ去り、『動物
農場』のブタを戯画化したような人物が東アジアに現実に現れ、農場の
破壊だけでなく世界を破滅の危機に陥れようとは、オーウェルも想定し
ていなかったであろう。

　リサデール・ハウスでの歓迎会の翌日はクラスごとの教室の告知であ

149

る。ムロウ氏は演劇のクラスである。正式な発表時間の前に、演劇のディレクターのサムが、ドラマのクラスの人は別の建物だからついてくるようにと、ホールに響き渡る大きな声でアナウンスをした。ムロウ氏はその中のひとりである（と思い）、その声で集まった人達と共に専門学校の構内の小ホールに誘導されていった。

　みんなが揃うと、変な柔軟体操とビーチボールのようなボールを伝達して近くの人に渡すゲームが始まった。アイルランドの演劇研究クラスなのに、どうしてこんな変てこりんなことをする必要があるのか疑問を抱くムロウ氏である。机や椅子などどこにもない。

　次はみんなが円座になる。サムがみんなで自己紹介をしようと言う。自己紹介の際には、ただ名前だけでなく、何かの「物」（things）や「事」（matter）、即ち、「物事」を付けて紹介することと注文がつく。

　サムは昔、ベルファストで劇団に入りたての頃、マクベスの家臣役でロウソクを手に持って舞台に立ち、初日は無事に役目を終えたのだが、次の日は前日のロウソクが手持ちの燭台に溜まっていたために、ロウが燭台から溢れ出て手に流れてきた。しかし、その場から動くわけにもいかず、やけどを負った顛末を語る。そして、自分のことを "Sam, the Candlestick" と紹介した後、手に持っていたボールを床の誰かの方に転がした。それを受け取った者が次に自己紹介をするという手順だ。

　大人が大半であるが十代後半の学生らしき人物もいる。みんな言葉巧みに自己紹介をする。日本の教育のように、ただ自分の名前、出身地、趣味など、何の面白みもない一律の自己紹介をするのと比べて、さすが英語圏の自己アピールの国では、子供の時からこうしたことが普通なのだと、良し悪しは別にして、文化の違いをつくづく感じるムロウ氏である。

　例えば、禿げた男性が "Rick, the Slick" と言うとみんなが爆笑する。Rick の正式名は Richard。Slick は「すべすべした、つるつるした」いう意味だ。日本語に訳すと、「ど禿げのリチャード」と面白おかしく自己

24. イェイツ・サマー・スクール 2

紹介している。さすが、英語のしゃれは音とリズムで勝負だ。だじゃれ好きなムロウ氏も、"Kaoru, the Kaeru" と行きたいところだ。これで頭韻を踏んでいる。が、英語で日本語の意味説明がまどろっこしい。それなら、"Kaoru, the Frog" としたほうが簡単だ。だが、何の面白みもない、悩んでいるうちにムロウ氏の前にボールが転がってきて、万事休す。

慌てて言ったことは、"Kaoru = Fragrance（香水）" の意味だと面白くもない自己紹介になってしまう。イギリスやアメリカなどの英語圏の略称は、日本のあだ名とは違い、正式に用いられることもある。たとえば、Bill Clinton や Jim Carter など、それぞれ William, James が正式名だ。文法的におかしくても "Kaoru, the Karl（Marx）" でもよかった。すべて後の祭りである。

初日は、幼児教育の実地体験クラスのようだった。撮影したビデオをジョシュアにあとで見せると「なに？ この新興宗教のような踊り」と評された。2 日目も最初は、なにやら訳の分からない無伴奏のダンス的な体操である。ジョシュアなら、「トルコの旋回舞踏みたい」と言うに違いない。グルグル目が回る回転系の体操である。今度は昨日のようなボール遊びではなく、みんなに番号が振り当てられる。みんな揃って二度拍手をしたら、サムから 1-6, 次にまたみんな一斉の二度拍手が終わると 6 の数字の人が何かの数字（1 以外の数字）を言う。例えば、6-9 と言う。次に 9 の番号の人が同じように繰り返す。それがみんなに当たるように気配りしながら「拍手 2 回、数字→数字」、「拍手 2 回、数字→数字」で回していく。これは幼児でもできる。簡単だ。

ところが、これが終わると再度、初日の自己紹介をひとりずつ繰り返して、今度は名前でやることになった。さあ大変である。高齢のムロウ氏は記憶力が無残なほど衰えてきている。昨日と今日で名前を覚えたのは、たったの 5 人。サム、リック、「孤島のノーマン（Noman）」、「スピーカーのマイク（Mike）」、「静かなる女性のモリーン（Maureen）」。総勢 20 数名ほどだ。頭の悪いところはできるだけ隠しておきたい。高

151

齢者は数人いる。しかし、黄色人種はひとり。中国人、朝鮮人のために
も頑張らないといけない。年の功で急場しのぎの策だけは考えつくムロ
ウ氏は、自分が当たれば、この5人の誰かを順番に指名していればいい
のだととっさに気づく。一安心だ。さあゲーム開始だ。

　　拍手、拍手、サム→戦士（warrior）のマーカス
　　拍手、拍手、マーカス→子ブタちゃん（piggy）のペギー
　　拍手、拍手、ペギー→オツムつるつる（slick）のリック
　　拍手、拍手、リック→ターザン（tarsan）好きのスーザン
　　拍手、拍手、スーザン→香り（fragrance）のカエル

　ムロウ氏は、Kaeru と自己紹介していないのに、ここでも、以前ロン
ドンの英語クラスで教員に名前を読み間違われて日本人のクラスメイト
に爆笑され、それ以後、日本人に「カエルさん」にされてしまったよう
な憂き目にあった。しかし、ここでは誰も笑わない。周りにいるのは西
洋人ばかり。中国人か朝鮮人がいても、Kaeru が Frog だと知っている
わけはない。英語でははるかに劣勢のムロウ氏も、日本語の熟達度では
このチームの中では群を抜く（あたりまえだが・・・）。ムロウ氏は涼
しい顔で、拍手、拍手、カオ／エル（曖昧母音にする。発音にケチをつけ
てゲームを止めたくはない）→島のノーマンと続ける。拍手のスピード
が速まるに連れて、名前の呼び方も早くなる。それが5分ほど続くと、
不思議なことに頭の悪いムロウ氏の脳の中にもリズム良くみんなの名前
が入ってくる。
　これはいい。日本に帰って、ムロウ氏のゼミに入ってきた新入生に同
じことをさせれば、冴えない彼らだってきっとすぐにゼミ仲間の名前を
覚えるに違いない。
　それが終わると、やっとクラスは演劇「学習」に入る様子である。と、
思ったら、確かにイェイツの劇をするようなのだが、学習をするという

152

24. イェイツ・サマー・スクール2

のではなく、なぜかみんなで上演するということらしい。ちょっと話が
おかしくなってきている。

　幼稚園を無事に主席で卒園して以来、舞台に上がって劇などしたこと
がないムロウ氏には、青天の霹靂である。なぜこんなことになっている
のか分からず、昼休みに町の中心を流れるギャラボーグ川沿いを歩
き、サマー・スクールの本部があるイェイツ記念会館（Yeats Memorial
Building）の２階の事務室に入って聞いてみた。

　すると、ムロウ氏の入ったクラスは Drama Workshop で、申し込んだ
のは Drama Studies だと告げられた。「ハーメルンの笛吹き」に踊らされ
て、行列についていって溺れたネズミのように、ムロウ氏はディレクタ
ーのサムの掛け声に「ハメられて」、演劇を実践するクラスに入ったの
だ。

　もう第１週の５日間の授業日のうちの２日が過ぎている。いまさら、
「間違ったクラスに入ってました。ゴメンナサイ」などとカッコ悪いこ
とを言って、のこのこと演劇研究のクラスに顔を出すわけにはいかない。
だからといって、舞台に立つ度胸はないムロウ氏である。

　良い考えが湧いた。スクールは２週間である。ドラマ・ワークショッ
プのみ、コースは連続２週。他のクラスは１週間単位だ。第２週は詩の
クラスを申し込んでいる。１週目はワークショップ、２週目は新クラス
に入れば問題はないのでは・・・。舞台に上がって、「あがって」台詞
をトチリ、顔を赤らめて冷や汗を流す、などという哀れな記憶を生涯引
きずって生きなければならないという憂き目から逃れられる。

　たった２日間なのに、もうワークショップの人達と旧知の仲のように
なっている。教室で黒板に向かい、机に座って勉強するのではなく、体
を使って知り合うと、すぐに仲良くなれる。

　これは、ケンブリッジのテニスクラブで実証済みだ。半年も前から会
員になっているのに、まだクラブになじめず、壁打ちをしたりコートの

153

隅に立っている日本人の学者先生を尻目に、ムロウ氏はわずか2週間でケンブリッジの地元の人達と仲良くなれた。これは、テニスの技の上下関係とも関連しているから、「体」を使ってといっても、上手なプレーヤーと下手なプレーヤーとでは、人種差別的な「差別」があるのを認めざるを得ないが・・・。

　テニスは友達と一緒に行けば仲間に入りやすいが、ひとりで行くとやはり下手ではなかなか入り込めない。日本の大学では、サバティカルという有給休暇的な休みをもらって研究活動をする体裁になっているが、実のところ「学者」という人達は何をしでかしているのか知れたものではない。この日本の学者先生も、仲間内でケンブリッジ大学のコートでテニスをすればいいものを、のこのこと一般のイギリス人プレーヤーが集うケンブリッジ・テニスクラブにひとりで入るからそんな目にあうのである。

　最近、卓球を始めたムロウ氏はテニスで20年前に学者先生が味わった疎外感を感じている。何十年も「ペンハンド」のラケットを握りしめて、その汗で黒くなっているラケットを後生大事に抱きかかえているオバサン軍団に、「ハンド」には汗で黒くなった「ペン」しか握ったことがないムロウ氏は、冷や飯をたらふく食わされている。ケンブリッジの学者先生にもう少し親切にして、一緒にプレーしてあげていればこんな目にあわなくて済んだのかもと、因果応報の教えを身をもって体験して反省するムロウ氏である。若い時や夢中になっている時は、周りが見えなくなるのだということが、考える時間のゆとりが出てくる年齢になるとよく分かる。時、すでに遅し・・・。

　演劇の話に戻ると、とりあえず短い劇だから、台詞を1週間でみんな覚えてやろうと意を決して取り組んでみたものの、ちっとも頭に残らない。英語のせいなのか、ボケた頭のせいなのか、その両方のせいなのか、コロスという合唱隊の1頁目でほとんど挫折状態だ。

金曜日にはオーディションがある。一番上手に読んだものが主役に抜擢されるのだろう。ヒドイ英語の発音しかできないムロウ氏に主役が回ってくることは天地がひっくり返ってもない。回ってきたら、観客がめまいを起こすに違いあるまい。適役はコロスのひとりとして、クチパクで舞台に立っていることだろう。これが誰にも迷惑をかけない最上の策だ。

しかし、これではわざわざ日本から来た甲斐がない。少しは勉強して帰らねば面目が立たない。それで、妥協案として1週目は正式な劇団員としてワークショップに残り、2週目は詩のクラスが終わってから、裏方として劇団に協力するということでサムと話し合い、決着した。一応、オーディションは受ける気で、その箇所だけはホテルで数時間発音練習していたのに、オーディションはパスだった。

パスは「合格」のパスではなく。素通りされるというパス。即ち、ムロウ氏だけがオーディション「免除?」となり、みんながオーディションを受けている間、北アイルランドから来ている劇団員の中で、ベルファスト訛りがキツイ、優しいおばあさんの懇切丁寧な発音指導を受けて、それで終わりとなった。オーディションを受ける資格さえなかったということである。

せっかくイギリスの上流階級の人達が話す英語の発音を習得しようと、それを生涯の目標に努力してきたのに、ベルファスト訛りの英語に矯正されるとは・・・トホホ。日本の大学で学生に英語の発音を指導しているムロウ氏には屈辱的なことではあるが、まあ、日本の英語教師の英語の実力なるものはだいたいこんなものである。それに、ベルファスト訛りの英語指導もできる教員というのも悪くはないだろう。余談だが、英語の発音指導をしていて面白いのは、真面目で純粋な学生は、お国訛りのイントネーションで英語を発音する。要するに、京都英語、東京英語、福井英語、鹿児島英語があるということだ。

オーディションが第1週の金曜日に終わると、スワン・ホテルにいる

ムロウ氏は台詞を覚えるより、他にすることは何もない。何もないから
台詞を覚えようとするが、英語の意味がよく分からない。わけの分から
ないことは、記憶力を低下させる。さらに、第2週からは裏方となるた
めに、台詞など覚えてもなんの意味もないとなると、さらに意欲が低下
する。

　ぼんやりと窓から川の流れを眺めていると、電話の鳴る音がする。電
話に出るとノーマンからである。どうして泊まっている所を知っている
のか分からない。電話の内容はキャロウキールに行こうと思うが一緒に
行かないかという誘いである。キャロウキールなるものが、パブなのか、
どこかのホールなのか、それとも地名なのか何も分からない。覚えられ
ないイェイツの劇の台詞を覚えようともがき苦しんでいたが、外出する
ほうがはるかに健康的に違いない。ひとりで川の流れのように時の流れ
に流されていては、絶望状態に陥るだけだ。だから、誘いに応じた。

　ノーマンはムロウ氏より20歳は年上である。果たしてその年齢で台
詞を覚えられるのか聞いてみたい。1時間ほど経った。ロビーに現れた
ノーマンは元気溌剌である。

ノーマン　　忙しくなかったのかい。
ムロウ氏　　暇で暇でしかたがないから、ギャラボーグ川の白鳥を湖に連
　　　　　　れて行って、一緒にバレーでも踊ろうと思ってたところです。
ノーマン　　いいね。「白鳥の湖」だね。イェイツの白鳥の詩を知ってる
　　　　　　かい。
ムロウ氏　　読んだことはありますが、クールパークで作ったというもの
　　　　　　でしょう。

　ここで、詩の出だしの箇所を紹介する。

156

The Wild Swans at Coole

クール湖の白鳥

The trees are in their autumn beauty,

木々は秋の美しさを纏い

The woodland paths are dry,

森の小道はカサカサと音をたて

Under the October twilight the water

10 月の黄昏の中で水面は

Mirrors a still sky;

風のない空を映し出す

Upon the brimming water among the stones

石ころが転がる中に溢れんばかりの水

Are nine-and-fifty swans.

そこに 59 羽の白鳥がいる

The nineteenth autumn has come upon me

これで 19 度目の秋を迎えた

Since I first made my count;

白鳥の数を数え始めて

I saw, before I had well finished,

数え終わらないうちに

All suddenly mount

白鳥は急ぎ飛び上がり

And scatter wheeling in great broken rings

いくつかの輪を描いてチリヂリになった

Upon their clamorous wings.

騒々しい羽音をたてながら

クール湖

ノーマン　明日のバスツアーは、きっとイェイツのタワーとクールパークだよ。
ムロウ氏　行かれるのですか。
ノーマン　もう二度行ってるから、今回はやめにする。
ムロウ氏　僕も行ったことがありますからやめておきます。電話でおっしゃっていたキャロウ何とかいうのはなんですか。
ノーマン　スライゴの近くのキャロウモア（Carrowmore）は知っているのかい。
ムロウ氏　ちっとも。
ノーマン　有名な新石器時代の巨石文化の跡だよ。これから行こうとするキャロウキールも同じ羨道墳（megalithic cemetery）だよ。
ムロウ氏　なんですか、その羨道墳というのは？
ノーマン　あそこに見えるノックナリー（Knocknarea）のような昔のお墓だよ。キャロウモアにも、まだ行ってないんだね。

ムロウ氏　車がないので、この近くで行ったことがあるのは、この町の
　　　　　スーパーと図書館ぐらいですよ。

ノーマン　じゃあ、キャロウキールのあとで連れて行ってあげる。

ムロウ氏　ありがとうございます。話は変わりますが、イェイツの劇の
　　　　　台詞は覚えましたか。

ノーマン　もうみんな覚えたよ。

ムロウ氏　みんな？　早いですね。

ノーマン　1年かけて覚えたんだよ。

ムロウ氏　去年からこのクラスに入るつもりだったのですね。

ノーマン　その通りだ。

　キャロウキールらしきところに到着すると、家畜が出ないようにして
あると思われる鉄の扉を、車が通れるだけの広さに開ける。その箇所に
は鉄の扉と同じ棒状の柵のようなものが、掘られた地面の穴の上に、地
面と水平に取りつけられている。これも家畜逃亡防止のための「柵」で
ある。よほど家畜が貴重なのか、よく逃亡するのかどちらかだろう。ム
ロウ氏は車を降り、ドアボーイのように「迎賓館」の門をそそくさと開
け、車が通り過ぎるとまた閉める。

　その箇所から数分で車が止められるスペースに着いて、そこからは徒
歩である。たいした距離ではない。後ろを振り向くとアロー湖（Lough
Arrow）がなんとも美しい。

アロー湖を眺めるノーマン氏

　頂上に着くと、いかがわしい洞窟がある。どうも、これが湊道墳らしい。小石が散乱している。あたりに人はもちろん家畜の類も何もいない。鳥もいない。地を這うような草が風に音もなく揺れている。

キャロウキールのノーマン氏

24. イェイツ・サマー・スクール 2

　羨道墳に入ると炭鉱夫になった気分だ。記念に写真を撮ってと頼んだら、アイルランドの人が見たこともないような、当時では最新式の超薄型のデジタルカメラなので、カメラの前と裏を間違えて、自分の顔を大写しで撮ったノーマンである。

　帰路に約束通りキャロウモアに立ち寄ってくれたのだが、中に入ると入場料がいるようなので、柵（誰でも中に入ろうと思えば、簡単に入れる針金だけのもの）の近くから奈良の石舞台の小型のものが見えたので、それをカメラに収めてその日の旅程の終了となった。

キャロウモア、背景にノックナリー

　さて、2週目に入るとムロウ氏の詩のクラスが始まったが、内容がちっとも分からないから面白くない。日本語が分からないと、日本語のギャグが分からないように、英語の詩の「深い」意味が分からないと、ただ「不快」なだけだ。それで、結局、朝も昼も劇団員と共に過ごすことになる。上演する劇は、イェイツの『骨の夢』（The Dreaming of the Bones, 1919）だ。なんとも変な題だ。死した人の骨が幻の肉体を得て、

161

アイルランドの兵士に自分のアイルランドへの反逆の罪を語るというものである。

　これは、日本の能からヒントを得て書かれたもので、その元になった作品は、『錦木』である。イェイツはエズラ・パウンドからフェノロサの訳を読んでいた。

　内容は、諸国行脚の僧が、陸奥の国（秋田県）に訪れた際に、錦木を手に恋の思いを懐かしんで語る男に出会う。男はこの地方には恋した女の家の門に錦木を立て、女がその錦木を家に取り入れれば、男の思いが叶った印しとなるという風習があると説明する。そして、3年間錦木を立てるために女の家に通い続けたが、思いを遂げることなく死んでしまったと語る。その男の塚が近くにあり、それが錦塚と呼ばれているのである。そして、僧をその塚に案内し、僧は塚の前で読経を始めると女の亡霊が現れ、僧に感謝する。僧が読経を続けると男の亡霊が姿を現し、機を織る女に3年間錦木を立て続けた恋の苦悩を物語り、女の亡霊がここで男の求婚を受け入れる。男の亡霊は喜びの舞を舞う。朝になると僧が目にするのは塚だけである。

　この『錦木』とは違い、『骨の夢』の2人は未来永劫に苦悩を続け、救いのない世界を彷徨うのである。イェイツの劇では、仮面をつけたディアミッドとダーボギラの亡霊が現れ、アイルランドが800年間イギリスの圧政に苦しめられるきっかけとなった自らの不倫事件を、1916年の復活祭蜂起のクーデターに敗れて山中に逃れてきた若者に懺悔して語り、許しを請うが、若者は決して2人を許さないというものである。

24. イェイツ・サマー・スクール 2

『骨の夢』のリハーサル風景

　サマー・スクールの最終日が、この劇の公演である。ムロウ氏は撮影係である。劇団のみんなはプロのように巧みな演技だった。そんな中に入って劇の質を落とさなくてよかったとムロウ氏は胸をなでおろして、劇団活動もこれで終了となった。

25
イェイツ・サマー・スクール 3 （Yeats Summer School 3）

　キャロウキールに行った翌日の日曜日は、クラスメートでアメリカ人のモリーンを誘ってノーマンと3人でノックナリー登山となった。

ノックナリーの丘

　スライゴの町の北北東には美しいベンブルベンの山があり、そのほぼ反対方向の西南西にノックナリーという標高327メートルの石灰岩でできた小高い丘がある。「ノック」（knock）というのは、アイルランド語で「丘」、「リー」に関しては、「処刑」や「月」、「王様たち」の意味だという諸説がある。この丘の頂上にはメイヴ女王（Queen Maeve）の石塚がある。
　アイルランドのコナハト地方を支配した伝説上の女王であるメイヴの墓で、京都の愛宕山の頂上のコブに謂（いわ）れがあるように、メイヴのコブ、メイヴの乳首と呼ばれることもある。登山といっても傾斜のある道の散歩のようなものだ。その頂上には直径55メートル、高さ10メートルの

アイルランドでも最大級の小石を積み重ねたケルン（山の道標、山頂の記念物）がある。これは、紀元前3千年頃に造られたとされている。

　ここで8月の末になると Warriors Festival（戦士フェスティバル）のメイン・イベントとして、The Warriors Run（戦士の競走）と呼ばれるマラソン大会が催される。これは1984年に始まり、年を重ねるごとに盛大なイベントとなっている。ノックナリーの麓にあるストランドヒルの海岸沿いにある The Cannon Gun と呼ばれる大砲のある場所がスタートラインである。

　15キロの行程のうち、道路上を走るのは9キロ、あとは丘の斜面である。コースは2時間半以内に走り終えることになっている。参加希望者への警告文がおもしろい。

WARNING!（警告）

The Warriors Run is a physically challenging event and only those who have sufficiently trained for this event or who are experienced runners should take part.

「戦士のラン」は身体的に過酷なレースなので、このレースに備えて十分に体を鍛えた者、あるいは経験を積んだ者だけに参加の資格が与えられる。

Event time limit is set at 2.5 hours.

Broom wagon will pick up stragglers after this time.

レースの制限時間は2時間半である。

この制限時間を越えた「与太者」（よたよたした者）は、「箒荷車」（放棄したとみなされた者用の車）に摘まみあげられることになる。

　上り下りの坂は歩いて登るにはそれほど急ではないが、走るとなるととんでもない坂である。石ころだらけの坂道はでこぼこだ。上りはしん

165

どい心臓破りの丘、下りは加速度がついて石で滑って転んだり、踏み外して足をくじくはめになりそうな道である。アイルランドでも難関のマラソン・コースだ。年々 Warrior（戦士）の数が増えて、最近は 800 人ほどの強者が細い道を数珠つなぎになって走る。

　人は難関に挑戦するから「ひと」なのかもしれないと思うムロウ氏である。ムロウ氏は「ひとでなし」だから、そんな難関にチャレンジする気は一切ない。

　ムロウ氏と同い年のモリーンはアメリカの Miss ○○大学だっただけに、いまも美人だ。普通の白人で、ムロウ氏と同い年なら 4〜5 歳、ときにはそれ以上も年上に見える。日本人の中でも年のわりに若く見られるムロウ氏と同じくらいモリーンは若く見える。詩を作り、戯曲も書いている。（出会った数年後に、アメリカ最大の劇作家であるユージン・オニール［Eugene O'Neill］を顕彰する戯曲コンテストで準優勝するぐらいだから本物だ。）

　ノックナリー登山は楽しい。道端には馬が草を食んでいて、そばを通ろうとすると親しく近寄ってくる。馬ヅラの友達はいても、馬んぞに友人のいないムロウ氏は後ずさりするが、ロバート・レッドフォード主演の映画『モンタナの風に吹かれて』（The Horse Whisperer, 1998）の国のモリーンは馬と話せるほどウマが合ってる様子だ。

　その後、ムロウ氏はジョシュアとパトリシャの 3 人で、そして、ノーマンの娘のシェリーとノックナリーに登っている。ジョシュアには初めての登山である。しんどいことの大嫌いなジョシュアは革靴である。ムロウ氏はアイルランドでは湿地帯にいつ遭遇するかしれないので、いつもトレッキング・シューズを履いている。石ころだらけのところがあったからジョシュアは足の裏が痛いらしい。数 10 回も来たことがあるパトリシャは空を飛ぶ妖精のように軽やかに先頭をきって走るように歩いている。メイヴ女王の生まれ変わり？　それとも、女戦士？　ジョシュアはタ

イム・オーバーで「箒荷車」か、平安京から呼んだ「牛車」にでも乗せてもらわないと・・・という表情だ。

　メイヴのお墓のところが終点かと思いきや、なんと、夕陽に向かって平地になった頂上をパトリシャは歩き続けるではないか。これにはムロウ氏も参ってしまう。ジョシュアが牛車に乗っているなら同乗させてもらっていただろう。

　地理的に言うと、ノックナリーを囲んで逆三角形の底辺の東がスライゴ、西がパトリシャの住むストランドヒル、南はムロウ氏が夏の館として提供してもらっているパトリシャの今は亡きお母さんの家があるバリサデアである。その三角形に囲まれた範囲に丸い形のノックナリーの丘がある。ストランドヒルは大西洋に面した小さな町である。海岸沿いにはストランドヒル・ゴルフ場があり、海の波は荒く、サーフィンに適していて、冬でもサーファーを見ることができる。海に面した目抜き通りには seaweed bath（海藻風呂屋）がある。ムロウ氏はまったく興味がないが、砂風呂やドロのお風呂が好きな人なら行ってみたらいい。きっとバスタブに海藻が浮かんでいるのだろう。

　このストランドヒルの町並を見せてあげようというパトシリャの心づくしだったようである。40倍の倍率のカメラで覗いてみると、パトリシャの家の物干し紐にかかっている洗濯物まで見える。丘を吹く風が夕陽の暖かさを消し始めたので下山することになった。アイルランドでは時間がゆっくりと過ぎゆく。

　最後の登山は、今は亡きノーマン氏を偲んでその娘であるシェリーと共にである。世の中には偶然のことでも「奇跡的な偶然」というか、普通では起こりえないようなことが起こったりすることを誰しもが経験していると思う。ノーマン氏とスライゴで間違いからクラスメイトになり、ベルファストの自宅に自分で造ったという日本庭園を見に来ないかというので、その年のクリスマスの頃に訪問したムロウ氏である。家に

は、声楽家だった奥さん、ニューヨーク在住でツインタワー跡のグランド・ゼロの地点に新しいビルを建設することになる息子と、ベルファストで絵の先生をしていて、ロンドンでチェロやアイリッシュ・ハープなど、様々な楽器を弾いて演奏活動している娘シェリーがいた。

ムロウ氏が毎年ロンドンに劇を見に行き、大英図書館に年に1か月はこもっているという話から、ロンドンではどこのホテルに泊まるのかと聞かれて、ラッセル・スクウェアのタビストック・ホテルだと言うと、シェリーが目を丸くした。

なんと、彼女のロンドンのアパートはムロウ氏がホテルから毎日、大英図書館に通う道のすぐ横なのだ。帰りにはそのアパートのあるリー・ストリートを通ることもある。英語で言うなら、stone's throw distance（石を投げたら届く距離）、即ち、真近である。

翌年の夏から、何度もロンドンでシェリーと出会うことになった。ノーマン氏が癌で亡くなったという訃報を受け、ムロウ氏はシェリーにムロウ氏の写真をすべてCDに焼き付けて日本から送った。その写真の中の数枚がノックナリー登山のときのものであった。それを見て、シェリーは同じ石の場所で父を偲びたいというので、ノックナリー登山を2人ですることになったのである。

ノーマンとモリーンと石

ノックナリーの記念の石

25. イェイツ・サマー・スクール 3

　シェリーは完全なベジタリアンなので料理が難しいが、ジョシュアは家で日本から持ってきた米を使って野菜リゾットを夕食に作って待っていてくれていた。

26
口やかましいムロウ氏と『静かなる男』in コング
（The Noisy Man Mr. Murou and The Quiet Man in Cong）

　ゴールウェイから、コリブ湖を左手に見ながら40キロほど北上すると、修道院の廃墟が視界に入ってくる。これは7世紀に聖フェチン（St. Fechin）によって建てられたコング修道院である。

　コング修道院は、12世紀の失火や13世紀のノルマン人の侵略によって破壊されていたが、後に再建されたと案内板に記されている。しかし、16世紀に入って、「アイルランド王」という称号も手にしたヘンリー8世が修道院を破壊し、財産を没収するという暴挙に出たために、イギリスやウエールズにある修道院と同じ憂き目にあって、アイルランドのカトリック修道院は解散させられた。建物は壁だけを残して無残な形を留めているにすぎない。

　この修道院から小道を挟んで、視線を民家に移すと、おとぎの国のような家並みがある。観光案内所の近くの家々には「静かなる男の別荘」（The Quiet Man Cottage）とか、「静かなる男のパブ」（The Quiet Man Pub）のような看板が立ち並んでいる。それらのひとつひとつは、周りの環境にやさしく穏やかで、人の心にしっくりとなじむ安らぎを与えてくれる。

コングのコテッジ

コングの看板

26. 口やかましいムロウ氏と『静かなる男』inコング

　ムロウ氏はひとりぼやく。日本の幹線道路に雑然と立ち並ぶチェーン店の看板が近年ますます高く、大きく、どぎつい赤や黄色で自分の店のみを目立たせようと、これでもかと醜く塗りたくっている。こぞって店が赤や黄色になり、どの看板も目を背けたくなるような類のものばかりになってきている。これでは何も目立たない。目立っているのは、その街並みの醜さだけで、バイパス沿いの店は、ここはいったいどこなのか、とムロウ氏にはどこも同じ場所のように見える。同じ店、同じ店の形状、同じ大きすぎる看板である。

　あまりに赤や黄色の建物ばかりで、「みどり」がない。自然の緑が消え去ってしまった街。これでは、黄色や赤信号が看板に溶けてしまって、交通事故が増えるに違いない。無秩序、無計画、無規制。考えることは金色の「金」ばかりではどうしようもない。「美」というものを全く配慮せず、あらゆる街を「平等に」画一化しようと計画しているかのようにも受け取れるが、規制をしないと「無計画都市」が日本各地に出現しているのが、ドライブ旅行をするとよく分かる。もう取り返しがつかない。

　これは、「[トシ] 無計画」の若者と共通点がある。彼らにも規制が必要だ。この [トシ] というのは、都市ではなく「ええ年して、もうちょっと考えや」の年である。

　茶髪に、金髪、つけまつげにアイシャドウ。「アイルランド」に言葉が似ている「アイライン」、色とりどりのネイル。へそ出し、肩出し、胸出して、上げ底のヒールでよちよち歩き、ダメージパンツに、ダメージ上着、その上に付けてるダメージ頭に、ピンクの頬紅、おてもやん、整形顔は鼻がとがり、目は吊り上がって宙ぶらりん、十二一衣の乞食ファッション、色彩感覚ゼロのチンドン屋、見るも無残なブタ体型。

　ムロウ氏の「[苦いお茶] 目放談」はこれぐらいにして、アイルランドの話に戻ると、この「静かなる男」の町とは、アイルランド系アメリ

カ人の映画監督ジョン・フォードが、主演に若きジョン・ウェイン、相手役女優にモーリン・オハラを配して制作した映画『静かなる男』（The Quiet Man, 1952）の映画のロケ地なのである。映画を再体験したければDVDがある。実体験したければ、観光案内所が『静かなる男』ロケ地ツアーを催している。

　作品の内容紹介をすると、ピッツバーグの元プロボクサーであったアイルランド系アメリカ人のショーン（ジョン・ウェイン）が、両親の生まれ故郷であるイニスフリーという村にあった両親の土地を買い戻すために帰郷する。そこでショーンは、美しいが気の強いケイト（モーリン・オハラ）と出会い、恋に落ちる。しかし、ケイトの兄で荒らくれ男のダナハーは、彼自身が買おうと思っていた土地をショーンに先を越されて買い取られたために復讐心を抱いている。

　ショーンとケイトの結婚式の当日に、ケイトの父親代わりのダナハーは持参金を渡すのを拒絶する。アイルランドの伝統を知らないショーンは、ケイトと結婚できればいいので、持参金などは必要ない。ところが、ケイトにとって持参金というのは自分の独立心やプライド、そして何より、自分のアイデンティティを確立するためには必要不可欠なものである。彼女はショーンに兄と交渉して、持参金を出すように要求してほしいと懇願するが、ショーンはそんなことをすればトラブルの原因になることは目に見えているので、ケイトの頼みに応じない。じれったさで、ケイトはショーンを「臆病者」とののしって、結婚を諦めてダブリンに去って行こうとする。

　ショーンは彼女をとりあえず思いとどまらせ、ダナハーに持参金を要求する。その後やっとのことで手に入れた持参金をショーンとケイトは暖炉に投げ入れてしまう。ケイトが求めたのは、ショーンの「男らしさ」なのである。ショーンはボクサーだったときに相手のボクサーを殴り殺してしまった経験があり、二度と人を殴ったりしないと誓っていたが、妻となるケイトのために誓いを破り、ダナハーの挑発を受けて殴り

26. 口やかましいムロウ氏と『静かなる男』 in コング

合いの喧嘩を始める。このことによって、ダナハーもショーンの男らしさを認め、2人はパブでギネスを酌み交わし、これですべてが解決し、「めでたし、めでたし」で幕となる。

『静かなる男』は、アイルランド人の荒っぽい気質や人情味のある性格がよく描かれた作品となっていて、ジョン・フォードはこの作品でアカデミー監督賞の栄誉を受けている。ちなみに日本での封切は1953年である。

コングを訪れるなら、少し時代のへだたりの感は否めないが、この作品のDVDを見てから現地を訪問するのがいい。(訪問先のことを下調べして行けば、旅行が数倍意義あるものになる。) ただ、景色が美しいと感動するのではなく、その地にまつわる"Something"を知って旅すれば、感動の深さが違ってくる。

なお、このコングにはイギリスに住み着いたノルマン人の子孫のバーク家が建てたアッシュフォード城がある。今は超一流のホテルとして圧倒的な存在感を示している。宿泊者以外は立ち入り禁止と書かれた看板が玄関にあるが、庭園には自由に入れる。昼間は城の周りの広大な堀巡りのボートの旅もある。これも遊覧に値する。

アッシュフォード・ホテル

ムロウ氏が、このアッシュフォード・ホテルの名前を知ったのは、ここを実際に訪れる数年前のクリスマス・シーズンである。アイルランドはカトリックの国である。西海岸はいまでも敬虔なカトリックの人達が住んでいるとは聞いていたが、クリスマスになるとすべての店やB&B、ホテルなどが閉まってしまうとは思ってもみなかったムロウ氏である。

　ムロウ氏はいつも予約なしの風来の旅をする。クリスマス・イブの夕方、ほとんどの店が閉まりかけている中、ただ1軒開いていた本屋に入っていって、可愛い女の子の店員にどこかにホテルはないか尋ねてみた。店員は知らないと答えたが、店主らしき人物を連れて来てくれた。その初老の男性はムロウ氏に日本人かどうかを尋ねて、イェイツを知っているかと聞いてきた。ムロウ氏は英文学が専門なので「知っている」と答えた。（知っていたのは名前だけであるが・・・）「いいところがあるから、紹介してやる」と言って、その店主は電話をかけ始めた。

　待つこと、しばし。電話を繋いだまま受話器を片手に持ち、ムロウ氏に語りかけた。

「クリスマスの間、2泊3日で泊まれるとてもいいところが見つかった」

「ありがとうございます」

　ムロウ氏はほっと安堵する。が、それもほんのしばしの間だけ。

「タキシードは持っているか？」

「？？」

　なぜ、ホテルに泊まるのにタキシードがいるのか分からない。どこにいようと、ムロウ氏がそんな服など持っているわけがない。貧乏旅行中の貧乏学者のムロウ氏は日本と同じジーンズ姿である。日本でもタキシードなどに触ったこともないし、そんな厳めしい服を着た人の周り30メートルの範囲内にさえ入れてもらったこともない。

「いいえ」

「まあいい。それは貸してもらえるから大丈夫だ」

「貸してもらう？」

デカイ体のアイルランド人の服など借りて着たら、チャップリンのような喜劇役者になってしまう。
「なぜ、タキシードがいるのですか？」
「晩餐会ではタキシード着用が義務づけられているからね」
「晩餐会??」
　一体どうなっているのか皆目見当がつかない。
「キツネ狩りもある。馬に乗れるだろうね」
「ハァッ?? 乗馬？ キツネ狩り？」
　ムロウ氏は、大きなだぶだぶのタキシードを着て、腕が長い西洋人のタキシードの袖を自分の腕の長さに折り曲げて、ディナー・パーティーに出席し、英語もろくに話せず、話題にもついていけず、部屋の端に座り込んで、誰とも話すこともなく、ひとりで恥ずかしそうに場違いの感じを体中から滲み出させて、ギネスをちびりちびりと飲んでいる姿を想像する。そして、その翌朝、馬丁に担いでもらって生まれて初めて、馬ではなく、ロバにヨッコラショと乗ったとしても、野原に出てからキツネに「化かされる」のならまだしも、惨めにロバから落馬し、狩りに出たみんなに爆笑され、猟犬やキツネに「馬鹿にされる」バカショウジキな自分を思い描いて苦笑する。
「それはおいくらですか？」
「3,000 ユーロです」
　ムロウ氏はノロイ頭ですぐさま計算した。だいたい 40 万円である。そんなはずは決してない。英語がヘタなので聞き違えか、小学校のときにもトンチンカンだった、あの計算間違いの再現のハズだ。
「チョット待ってください」
　落ち着いて日本円にゆっくりと換算してみても 40 万円ほどである。そんな高額な料金を払えるわけがない。
　丁重にお断りして、それから街をあちらこちらと歩いて、「Vacancies」（空き室あり）の看板が窓に掛かっているみすぼらしい B&B を探し当

てて、ベルを鳴らした。出てきたオーナーは、ビル・クリントンそっくりの男である。値段を聞くと、1泊朝食付きの8千円である。これで、クリスマス・イブとクリスマスの2日で1万6千円、40万円の1/25で済んだわけである。一件落着。

「口やかましい」ムロウ氏の話はいつもながら長くなるが、この超一流のホテルがアッシュフォード・ホテルなのである。余談のさらなる余談になるが、連れのジョシュアは、その夜に、オンボロのB&Bの一室でポロッと何とつぶやいたと思われますか？

「一生に一度の思い出に、イブニングドレスを着て、そんな上流階級の人達が集まるパーティーに出たかったわ」

こんな派手な台詞である。このディズニー好きのシンデレラ願望を子供のときから60年後の今も抱く女は身の程知らずの上に、頭がイカレてる。イギリスやアイルランドの土産物店で、自分用に買うTシャツやトレーナーはすべてSSサイズである。そんな貧弱な体に合うイブニングドレスがあるわけがない。着たなら服は肩から滑り落ち、時計はまだパーティーが始まったばかりの7時か8時なのに、深夜の0時を過ぎたシンデレラのように、みじめな格好で会場から走り去らねばならないだろう。垂れたドレスが足に絡みついて、靴は両方とも脱げ、階段を転がり落ち、頭を打って気絶し、みんなから「スンデレラ」とアイルランド訛りの英語で叫ばれるだろう。

26. 口やかましいムロウ氏と『静かなる男』in コング

ジョシュアとシンデレラの乗る馬車？

　数時間後、冷たく眠っているジョシュアの体に触ってみて、やっとその英語は「眠れる森の美女（Sleeping Beauty）」ではなく、イギリス発音なら「Cinderella（死んでれら）!」だったと悟る。その後、ムロウ氏はホテルのオーナーからお悔やみを言われるはめになったのに違いない。ムロウ氏も落馬して、打ちどころが悪く、翌日に同じ憂き目にあっていたなら、お悔やみは聞かなくて済んでいたはずだが、合同葬儀である。

　ちなみに、その書店の店長はスライゴでは名士のM氏であった。半年後の夏に、スライゴのイェイツ・サマー・スクールにおいて、このM氏と再会することになった。ジョシュアの手製の焼き菓子をプレゼントしたら、イェイツ関連のいい本があるから書店に来るようにと、イェイツ関連の講演会のときにホークスウェル劇場のホールで言われ、その直後に書店に行ったムロウ氏であるが、M氏と出会っても「ハロー！」の一言で完全に無視。ムロウ氏はキツネに「化カされた」ような気分になって、一体どうなっているのか、とスライゴに住んでいる友達に聞くと、「あの人は、そんな人だから」という訳の分かったような、分からないような説明を受けたことがある。やはり「馬鹿にされた」のである。

177

それからも毎年出会うことになるのだが、その後は「イェイツの新しい本ができたら・・・」と、ムロウ氏に語るが、ムロウ氏はもうM氏が同じことを「語る／騙る」のには慣れているので、笑顔で "Thank you" と答えるだけにし、何も期待などしなくなっていた。

　その数年後、街を歩いていると、M氏の書店があった建物だけは商店街にあるのだが、ガラス窓から見える店内は閑散とし、本も本棚もなく、ドアは固く閉ざされていた。一体、どうなったのかと消息を聞くと、投機に失敗して、店はたたんでしまったとのことである。

　黄金のキツネを捕まえようとして、落馬したのは虚言症のM氏であった。

あとがき

　日本は私を生み、育ててくれた国である。鮭が生まれた川を遡上して、そこで命が尽きるように、いま私は故国である日本に心も体もどっぷりと浸ってしまっている。

　イギリスは軟弱な私の精神と肉体を鍛え、私を独り立ちさせてくれた第二の故郷である。

　しかし、今では日本もイギリスも私の故国や故郷ではなくなっているのが実情である。浦島太郎が300年経って故郷に戻ってきても、もはやそこには知る人もいなく、家々は全く変わり、ただそのあとを留めていたのが壊れかけたみすぼらしい古い社だけだったのと同じように、浦島太郎が住んでいた時代の300年に匹敵するほどの変化がこの半世紀で日本社会に見られる。

　恐らく、飛行機の便数の急激な増加とグローバル化社会、インターネット、スマートフォンの普及により、人と人のコミュニケーション形態に急激な変化が起こり、そして、良くも悪くも、見かけだけでも「純潔」だった日本人という人種も変わりつつある。これは、2、30年前に私がイギリスのロンドンで見てきた光景である。

　いま、ロンドンに行くと、石や煉瓦造りの風景は初めて見た「おとぎの国」とまったく同じなのに、そこに住む人達は一体何語を話す何びとなのか分からなくなっていて、混沌とした社会の相を呈している。ロンドンはもはやイギリス人だけのための都市ではなくなっている。これは、良いことでもあるかのように喧伝されているが、年を重ねて物事が分かる年になった私には、良いことの数十倍も悪いことであるのが分かる。

　それと同じことが東京に起こり、いずれではなく、急速に日本中に蔓延することになるであろう。箱の中のひとつのミカンが腐っていると、次々と周りのミカンも腐っていき、箱の中のすべてのミカンが腐り果て

るのは時間の問題である。しかし、みんな腐ってしまったときには、ミカンたちは、自分の本来あるべき色、形、匂いを忘れ、緑のカビが生え、変形した姿に違和感を抱くことはなくなるのだろう。

　箱から飛び出していたミカンが、何かの拍子で箱に舞い戻っても、ヒドイ異臭に耐えられず、手に持っている「玉手箱」でもなんでもいいから、その箱に飛び込みたくなるのに決まっている。その「玉手箱」というのが実は「棺の箱」だとしても・・・。

　比喩的な表現はここまでにして、なぜこんな『アイルランド紀行―ずっこけ見聞録―』なる旅行案内書でもなく、自分史でもなく、エッセイでもない本を書き始めたのかというと、日本の都会では、もうどこも、なにもかも、変な人達、変な「文明の利器」、変なビルで埋め尽くされ、心を温めてくれるものが無くなりつつあると感じたことが発端である。あらゆるものが変なのにそれが普通になり、今の日本のことを書くとなると、「変な視点」が必要になっている。私にはそんな視点がない。

　イギリスのことは書くことができるが、これはあまりにもたくさんのことがありすぎて、書き終えるまで生きていられるかどうか自信がない。

　そこで、目をつけたのがアイルランドである。イギリスから、そして日本から何度も渡ってはいるが、まだ十数回しか行っていないし、長くても1か月以上滞在したことは一度もない。ここなら外国人の目で書けると判断した。

　アイルランドは故郷でもないのに、どこか、昭和の昔の故郷の景色がそこにある。西海岸のスライゴ近郊に滞在していたためにそんな気持に浸ることができたのだろう。ダブリンではとても無理だ。私は故郷を描きたかった。

　しかし、『アイルランド紀行』などと銘打つと、史実を知らねばならないし、地理の知識も必要だ。アイルランドに行っていた頃は、こんな本など書く気は一切なかったので、メモなど何も取っていない。すべて、このボケた頭にかすかに残っている記憶が頼りの「ずっこけ見聞録」で

ある。実際に起こったこと、起こったであろうことを、面白おかしく脚色して描いてみた。

しかし、「まえがき」に書いたように、特に読者を想定して書かれたものではないので、書いた私ひとりが楽しんでいるという風でもある。だから、ある意味、「エッセイ風創作自分史紀行」である。

この本の最終章にアイルランドの「ずっこけ見聞録」の始まりを綴ってあるから、本来はここからがスタートなのだが、これは本書のクライマックスなので、最初にもってくるわけにもいかず、こんな章立てになっている。だから、最後に「はじまり」があるのをご理解いただき、できれば、本を最後に投げ捨てるのではなく、静かに閉じていただければ幸いである。

推理小説を謎解きの箇所を読んでから読まれるという方、あるいは、どこか1章だけは読んであげようと思われる奇特な方は、第1章ではなく、最終章の「はじまり」を読んでいただければ、この作品のずっこけ的な神髄をご理解いただけるはず。ついでに、イェイツ・サマー・スクール2をお読みいただければ、それでもう本書の全貌をご覧いただけたも同然である。

では、何かの縁で、この本を手にお持ちいただき、『アイルランド紀行—ずっこけ見聞録—』は、410グラムほどの価値だと認識いただけたのなら、著者である私の望外の喜びであることを記し、ここに筆を置く。

今西 薫（いまにし かおる）

1949 年京都市生まれ。関西学院大学法学部卒業、同志社大学英文学部
前期博士課程修了（修士） イギリス・アイルランド演劇専攻 元京都
学園大学教授

著書
『21 世紀に向かう英国演劇』（エスト出版）
The Irish Dramatic Movement: The Early Stages（山口書店）
New Haiku: Fusion of Poetry（風詠社）
Short Stories for Children by Mimei Ogawa（山口書店）
『イギリスを旅する 35 章（共著）』（明石書店）
『表象と生のはざまで（共著）』（南雲堂）
『詩集 流れる雲に想いを描いて』（風詠社）
『フランダースの犬・ニュルンベルクのストーブ』（ブックウェイ）
『心をつなぐ童話集』（風詠社）
『恐ろしくおもしろい物語集』（風詠社）
『小川未明＆今西薫童話集』（風詠社）
『なぞなぞ童話・エッセイ集（心優しき人への贈物）』（ブックウェイ）
『この世に生きて 静枝ものがたり』（ブックウェイ）
『フュージョン・詩 & 俳句集 —訣れの Poetry —』（ブックウェイ）

表紙の写真はドニゴール州のわらぶき屋根のコテッジ

アイルランド紀行 —ずっこけ見聞録—

2018 年 5 月 12 日発行

著 者 今西 薫
制 作 風詠社
発行所 ブックウェイ
〒670-0933 姫路市平野町 62
TEL.079（222）5372 FAX.079（223）3523
http://bookway.jp
印刷所 小野高速印刷株式会社
©Kaoru Imanishi 2018, Printed in Japan.
ISBN978-4-86584-320-0

乱丁本・落丁本は送料小社負担でお取り換えいたします。

本書のコピー、スキャン、デジタル化等の無断複製は著作権法上での例外を除き
禁じられています。本書を代行業者等の第三者に依頼してスキャンやデジタル化
することは、たとえ個人や家庭内の利用でも一切認められておりません。